千城 央 著

卑弥呼の国

― 敗戦で近江から大和へ ―

表紙の写真：伊勢遺跡（滋賀県守山市・栗東市）の想像図（小谷正澄氏作成）

目　次

はじめに		1
1章　弥生時代	1節　前期の概要	11
	2節　中期の概要	13
	3節　後期の概要	20
	4節　倭国大乱	32
【コラムⅠ】	韓に逃亡する楽浪郡民	36
2章 古墳時代	1節　前期前半	38
	2節　前期後半	43
【コラムⅡ】	鉄器製造の進化と伝播	48
3章 朝鮮半島	1節　楽浪郡・帯方郡	51
	2節　加羅	55
	3節　墳墓遺跡	57
【コラムⅢ】	国の形成と市場の設置	65
4章 九州	1節　筑前・筑後	67
	2節　対馬・壱岐・肥前・肥後	78
	3節　豊前・豊後	83
	4節　薩摩・日向	87
【コラムⅣ】	物部族の出自	89
5章 中国・四国	1節　備前・備中・備後	91
	2節　出雲	97
	3節　伯耆・因幡	101
	4節　讃岐・阿波	106
【コラムⅤ】	蘇我族の出自	109
6章 近畿	1節　近江	111
	2節　大和・紀伊	139

	３節　山城	１５７
	４節　但馬・丹波・丹後	１６１
	５節　河内・摂津・和泉	１６５
	６節　播磨・淡路	１７０
【コラムⅥ】	邪馬壹国連合の銅鏡祭祀	１７４
７章 東海・関東	１節　伊勢・美濃・尾張	１７６
	２節　遠江・駿河	１８５
	３節　上野・武蔵・相模	１８７
	４節　上総・下総・常陸	１９０
【コラムⅦ】	倭琴を弾いて豊穣祈願	１９３
８章 北陸・信越	１節　若狭・越前	１９５
	２節　加賀・能登	１９７
	３節　越中・越後・佐渡	２００
	４節　信濃	２０２
【コラムⅧ】	国の守護神	２０５
９章　国史の矛盾	１節　関連の主要国史	２０７
	２節　旧唐書の混乱	２１４
参考文献		２１７

はじめに

1．本稿の狙い

(1) 古代史の謎解き

最大の謎　『後漢書倭伝』にある邪馬台（臺）国の所在地
『魏志倭人伝』にある邪馬壹国の所在地
両国は同一国とみられるが所在地は未決着
江戸時代から続く九州説と近畿説の論争
『記紀』によれば日本国ではなく倭国にあった国

遺跡発掘　道路・宅地等の整備開発に伴う発掘資料の蓄積
国史の補充・修正が可能な貴重資料が多数存在

(2) 大規模天災の影響

大津波　前1世紀末葉に南海トラフ大地震

大洪水　1世紀以降日本列島各地で頻発

寒冷化　2世紀以降地球規模の気候変動
アジアの北方民族が南下西進し戦争多発
ユーラシアで民族の移動を誘発
戦闘に要する金属武器の発達・拡散
宗教活動の変革とグローバル化

(3) 百済復興軍大敗の影響

唐の参戦　永徽７年（659）新羅救援に１０万の兵を派遣

日本派遣の第４次遣唐使を抑留監禁

百済復興軍派遣の日本に対する事実上の宣戦布告

戦闘結果　龍朔３年（663）百済・日本の軍は水陸共に大敗

百済滅亡し要人多数が日本に亡命

戦後対策　日本は侵攻対策のため防人の制度開始

北部九州・瀬戸内沿岸に朝鮮式城砦構築

講和交渉　麟徳元年（664）唐軍が九州に到来して駐留

大宰府は講和を申し出て交渉を選択

倭国と日本国は別国で復興軍の派遣は倭国と主張

㊟『旧唐書』の倭国は九州、日本国は本州・四国

麟徳２年（665）大宰府が唐に倭国の人質差出し

人質は唐高宗の泰山封禅の儀式に参加

史実改変　日本側の主張は『記紀』の編纂に多大な影響

『魏志倭人伝』は倭国の出来事で日本国とは無関係

日本国は万世一系の天皇が統治する国

日本国は戦争で一度も負けたことがない国

２．卑賤文字の読み方

⑴　倭人の漢語・漢字使用

漢字使用　筑前の御床松原（みとこまつばら）に板石硯製作工房

加羅・筑前・出雲の遺跡から筆・書刀・板石硯

倭語の発音に合わせた簡単な漢字表記が可能

㊟初期の万葉仮名

倭語の意味に合わせた簡単な漢字表記が可能

㊟初期の訓読み

漢語使用　交易に携わる海人は簡単な漢語会話が可能

通訳帯同　『魏志倭人伝』に漢語の通訳が30か国に

重要な場面では漢人系の通訳が対応

姓名表記　倭人に同族同姓名の文化無し

代わりに居住地名や役職名を使用

⑵　卑賤文字の変換

中華思想　外辺に住む人々を東夷（とうい）・西戎（せいじゅう）・北狄（ほくてき）・南蛮（なんばん）と卑下

中国史書　役所の公文書等に残された資料から記述

蛮族の国名・姓名等は意図的に卑賤文字を使用

解釈手法　歴史・地理・形声に留意し正常文字への変換が必要

⑶　国名

①邪馬台国・邪馬臺国・邪馬壹国

典　拠　『後漢書倭伝』・『魏志倭人伝』

所　在　これらの国は同一国、九州説と近畿説が対立

既定説　台は臺の省略文字、壹は臺の誤り
　　　　形声はヤマタイコク

変　換　正常文字は山市国、倭式形声はヤマイチノクニ
　　　　山に囲まれた（盆地）市（市場）の国という意味
　　　　台と臺は漢式では別文字、省略文字化は日本式
　　　　壹は臺の誤りではなく、臺の使用が誤り
　　　　臺は仙人・皇帝の居所を表す貴賓文字

②倭奴国・伊都国

典　拠　『後漢書倭伝』・『魏志倭人伝』

所　在　筑前にあった外交・交易の国
　　　　同一国説と別国説の対立
　　　　同一国説　糸島市（旧怡土郡）の伊都国
　　　　別国説　　福岡市・春日市の奴国と糸島市の伊都国

既定説　同一国説の形声　イトコク
　　　　別国説の形声　　ワノナノクニとイトノクニ

変　換　正常文字は市国、倭式形声はイチノクニ
　　　　倭をワと形声するのは日本式、漢式ではイ
　　　　倭奴・伊都・怡土は市（市場）の卑賤文字で糸に転化
　　　　伊都国は郡使が常に滞在する国
　　　　倭人の国々は市で結ばれた連合体で同一国説が妥当

奴国にのみ倭を付し倭の奴国と読む説は不合理

③狗奴国

典　拠　『魏志倭人伝』

所　在　邪馬壹国に隣接する国で唯一従わない国
九州説と近畿説が対立

既定説　形声はクナコク

変　換　正常文字は河那国、倭式形声はカナノクニ
木曽三川をはじめとする河の多い西美濃の国
邪馬壹国を倒すため近江湖東に侵攻した国

④倭面土国

典　拠　『後漢書倭伝』・『翰苑（かんえん）倭国伝』

所　在　諸説あって不定

既定説　形声はワメンドコク

変　換　正常文字は今津国、倭式形声はイマヅノクニ
糸島半島東部の今津・今山・今宿（福岡市）を含む国
国王は邪馬台（壹）国派遣の一（いちの）（市）大率（おおそち）
外交・交易を監視するため倭奴（伊都）国に常駐

⑤不弥国

典　拠　『魏志倭人伝』

所　在　役人の多摸（たま）（玉）がいる国

諸説あるが何れも玉作工房の無い国

既定説　形声はウミコク

変　換　正常文字は海国、倭式形声はウミノクニ

城野（じょうの）・重留（しげどめ）・重住（しげずみ）（北九州市）を含む国

玉作工房を有する邪馬台（壹）国連合の国

三方が海の企救（きく）半島に在り水運の要衝地

⑷　王名

①帥升

典　拠　『後漢書倭伝』の倭国王

既定説　形声はスイショウ

変　換　正常文字は率人、倭式形声はソチト

『魏志倭人伝』に伊都国常駐で外交・交易を監視

邪馬台（壹）国派遣役人の一（市）大率

②卑弥呼

典　拠　『後漢書倭伝』・『魏志倭人伝』の邪馬台（壹）国女王

既定説　魂か太陽に仕える巫女（みこ）　形声はヒミコ

姫子又は媛子　　　　　形声はヒメコ

変　換　正常文字は日巫女、倭式形声はヒノミコ

物部族の国神饒速日命（にぎはやひのみこと）は太陽（日）神を奉斎

日巫女は命に仕える巫女（かんなみ）（神那美）の大倭（おおいち）（大市）王

③卑弥弓呼

典　拠　『魏志倭人伝』の狗奴国男王

既定説　形声はヒミクコ又はヒミココ

異説に弓の弾音を使う予言者　㊟弓は弼(ひつ)の省略文字

変　換　正常文字は日巫彦、倭式形声はヒミヒコ

鉄産蘇我族の国神伊邪那岐命(いざなぎのみこと)は太陽神を奉斎

日巫彦は命に仕える巫男(かんなぎ)（神那岐）の武人

西美濃から近江に侵攻し戦闘で卑弥呼女王に勝利

④壱與

典　拠　『魏志倭人伝』の邪馬壹国女王で卑弥呼の後継者

既定説　正常文字は豊、形声はトヨ

変　換　正常文字は市輿、倭式形声はイチヨ

近江の邪馬壹国は狗奴国に戦闘で敗れ大和に遷国

物部族の新国神大物主神(おおものぬしのかみ)は蛇神（水神）を奉斎

市輿は神に仕える巫女(かんなみ)（神那美）の大倭(おおいち)（大市）王

(5)　使節名

①難升米

典　拠　『魏志倭人伝』

卑弥呼が魏に派遣した朝貢団の正使

率善中郎将の位と銀印・青授を賜授

既定説　形声はナンショウマイ

変　換　正常文字は那遠山、倭式形声はナノトイマ

摂津安満宮山古墳の被葬者

難波潟の舟運で活躍した首長

浅瀬水域の舟運が得意な磐井族で奴（那）国から移住

☞**形声の参考**

遠山村　奈良時代陸奥国の蝦夷村（宮城県登米市）

トオイヤマを意味する短節形声のトイマ

登米も昔はトメではなくトイマの形声

継体帝22年（528）筑紫の磐井が北方に逃亡

同族の助力で常総（茨城県牛久市遠山）に

更に松島湾を経て北上川（岩手県磐井郡他）に

浅瀬水域　背の高い葦が繁茂し舟の周辺は方向が不明に

遠方にある山（遠山）の峰を見て方向を決定

②都市牛利

典　拠『魏志倭人伝』

卑弥呼が魏に派遣した朝貢団の副使

率善中郎将の位と銀印・青授を賜授

既定説　形声はツシゴリ

変　換　正常文字は通詞牛人、倭式形声はツシノウシト

海人宗像族に属する漢人、丹後太田南5号墳の被葬者

㊟通詞は通訳

③伊聲耆

典　拠　『魏志倭人伝』

敗勢の卑弥呼が帯方郡に援軍を要請した使者

既定説　形声はイセキ

変　換　正常文字は伊勢老、倭式形声はイセノオユ

④掖邪狗

典　拠　『魏志倭人伝』

卑弥呼が帯方郡に派遣した使者の随行者

既定説　形声はエキヤク又はエキヤコ

変　換　正常文字は役奴、倭式形声はエキノヤッコ

㊟役奴は官奴婢(かんぬひ)

⑤載斯烏越

典　拠　『魏志倭人伝』

卑弥呼が敗れたことを帯方郡に報告した使者

既定説　形声はセシ又はサシとウオの２人

変　換　正常文字は塞使魚、倭式形声はサイシノウオで１人

㊟塞使は役職名

3. 墳墓の区分

(1) 呼称区分

土壙墓　時代を問わず土坑直葬は庶民用

周溝墓　時代を問わず土坑の溝区画は上位者用

墳丘墓　棺郭小さく低盛土区画は弥生時代の上位者用

古　墳　棺郭大きく高盛土区画は古墳時代の上位者用

(2) 棺と墳墓の方位設定

墳　墓　中心軸を没年の十二支（じゅうにし）に合致

納　棺　遺体頭部の方位を没年の十干（じっかん）に合致

使用資料　皇帝作成の暦・方格規矩四神鏡

意　義　魂魄（こんぱく）の輪廻（りんね）再生を実践

先進地　埴輪（はにわ）製作の土師（はじ）集団が居た備中（びっちゅう）

㊟詳細は拙著『邪馬台国と狗奴国の時代』を参照

4. 建物の区分

一般建物	竪穴式	住居・工房の用
	簡易掘立・高床式	倉庫・店舗の用
特殊建物	高床式	祭事・政事の用
	竪穴式	祭事の用

間（けん）　数　柱間の数　㊟長さに統一規準性無く床面積異動

1章　弥生時代

対応年代　概ね前６～後３世紀半ば

中国大陸から朝鮮半島を経て日本列島に新文化

渡来人がもたらし、縄文人が受け入れ

両者が融合し定着と発展に努めた約850年間

前　期　概ね前６～前４世紀

中　期　概ね前３～前１世紀

後　期　概ね１～３世紀半ば

1節　前期の概要

1．新文化の導入

対応年代　概ね前６～前４世紀

倭　人　戦国時代以前の中国大陸東方にいた海洋民族

㊟『山海経（せんがいきょう）』

渡来人　中国大陸戦乱で朝鮮半島・日本列島に逃亡者増加

逃亡地で環濠集落を形成

水田稲作　中国江南 ➡ 山東省南部 ➡ 朝鮮半島南部 ➡

北部九州

食糧供給の安定化に貢献

金属器　中国東北部 ➡ 朝鮮半島 ➡ 北部九州

青銅器・鉄器を威信財として所持

2．導入窓口の加羅

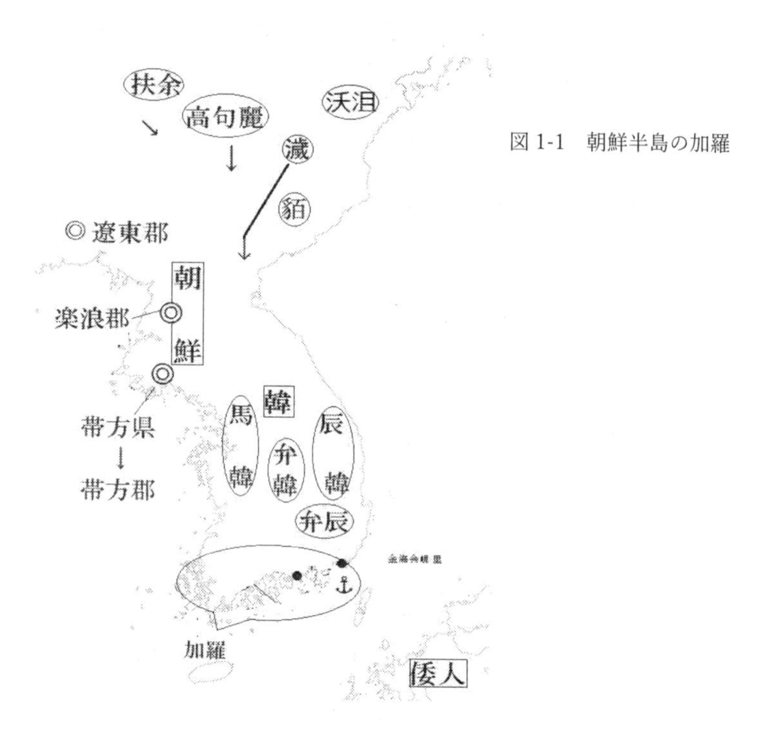

図 1-1　朝鮮半島の加羅

所　在　朝鮮半島南部の沿岸地域

『魏志倭人伝』に馬韓・弁韓・弁辰と隣接

三韓と混同するので韓（から）ではなく加羅（から）を使用

弁韓は中国式呼称で朝鮮式呼称は加耶（かや）（伽耶）

地域特性　中国大陸と日本列島を結ぶ交易・交流の拠点地

倭人主体で交易従事の中国人・韓人・濊人（わい）等が共住

風俗文化　三韓・北部九州とほぼ同一文化圏を構成

拠点集落　存在期間が長期に渡る亀山洞（韓国金海市）

2節　中期の概要

1．新文化の発展

対応年代　概ね前３～前１世紀

集落発展　人口増加に伴い大環濠集落誕生

環濠設置目的は防御と排水の２種類

(1)　小国と市場の創設

小国創立　広域的水系の集落連合体

『漢書地理志』に加羅・日本列島で100余国

王国統治　神事の司祭王と政事の男弟王（おときみ）

祭政一致のマツリゴト

市場設置　多業種工人を率いる豪族の物部族によるもの

『魏志倭人伝』に漢語の通訳が30か国に居住

物部族が加羅・日本列島の拠点30か国に進出

これらの国を相互に結びネットワーク化

(2) 倭・漢の交流と交易

外交交流　『魏志倭人伝』に30か国が楽浪郡と交流
『漢書地理志』に交流国の中に前漢へ朝貢する国も
㊟5代孝昭帝のとき（9章参照）

交流経路　北部九州➡壱岐➡対馬➡金海➡洛東江➡南漢江
➡漢江➡海州➡楽浪郡

交易経路　遼東半島・山東半島➡楽浪郡➡朝鮮半島西海岸
➡朝鮮半島南海岸

交易地　前1世紀前半　加羅の勒島（ろくとう）（韓国泗川市）
後半　壱岐（いき）（長崎県壱岐市）
㊟時代が下るに従い加羅から北部九州に移動

交易物件　玉と鉄器・青銅器の取引が主
売却物　玉・宝貝・真珠・珊瑚・朱丹（しゅたん）
購入物　鉄器・青銅器・硝子（がらす）品

(3) 玉の増産

技術導入　朝鮮半島の辰韓から韓人の指導者招請

導入地域　丹後・近江

新製品　連鎖用に穴を開けた管玉（くだたま）・小玉
『魏志韓伝』に韓人は金銀よりも玉を好む
烏丸（うがん）等の北方民族が連鎖玉を頭や首に飾る風習

増産目的　鉄器・青銅器・硝子品・漆器等の購入に充当

近江の例　湖南の物部族河内本宗　　玉作遺跡数１９か所

湖北の物部族因幡支系　　同　　7

湖東の物部族尾張支系　　同　　4

湖西の物部族丹後支系　　同　　4

㊟『守山弥生遺跡研究会資料』引用

２．青銅器の活用

(1)　鋳造技術導入

先進地域　朝鮮半島北部の拠点　大同江（だいどうこう）流域

南部の拠点　錦江（きんこう）・栄山江（えいざんこう）流域

導入年代　概ね前３～前２世紀（韓国の初期鉄器時代）

導入経路　錦江・栄山江流域　➡　佐賀平野　➡　近畿

鋳造原料　青銅器の既製品・青銅銭

鋳造技術　鞴（ふいご）付熔解炉

鋳造品目　武器・工具・農具・祭祀具他

初期進出　中央構造線地帯にある辰砂産地に近い場所

辰砂から朱丹を取る工具の製作

◆吉野ヶ里と九州北西部

◆堅田（かただ）と紀伊・阿波

鋳造鋳型　前３世紀　　肥前　　吉野ヶ里　　石製

前２世紀	紀伊	堅田	同
前１世紀	筑前	須玖タカウタ	同
	同	須玖小倉大幸	同
	摂津	東奈良	同
	近江	服部	同
	尾張	朝日	同
	肥前	安永田	土製
	大和	唐古（からこ）・鍵（かぎ）	石製・土製

⑵　集落の青銅器祭祀

開始時期　概ね前１世紀以降

神祀り　導入は水田稲作の集落協業化のため

発祥地は出雲で出雲族が各地と交流し普及

祭祀用青銅器を北部九州や近畿から購入

購入した青銅器を神聖地に埋納して神（しん）入れ

春秋に取り出し集落の守護神として祀りを挙行

銅　鐸　水神・地神に春は豊穣祈願、秋は御礼

中国の風鐸を基に近畿で祭祀用に加工

出雲 54・摂津 26・阿波 26・紀伊 17 の出土

◆出雲の加茂岩倉 39・荒神谷６

◆摂津の桜が丘 14

◆淡路の松帆７

銅剣等　集落安寧のため邪気を打払うもの

ユーラシア北方の銅剣・銅矛と中国中原の銅戈

朝鮮半島・北部九州で祭祀用に加工

◆出雲の荒神谷で銅剣 358

混　用　中国・四国地方で近畿系銅鐸と九州系銅剣

3．大津波による被災

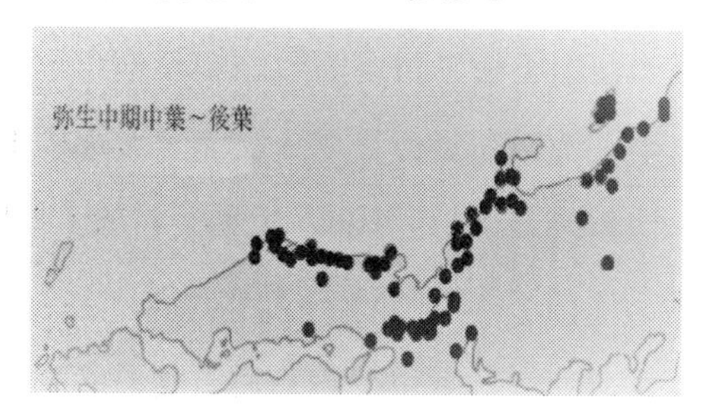

図 1-3　弥生中期の玉作遺跡

（守山弥生遺跡研究会資料引用）

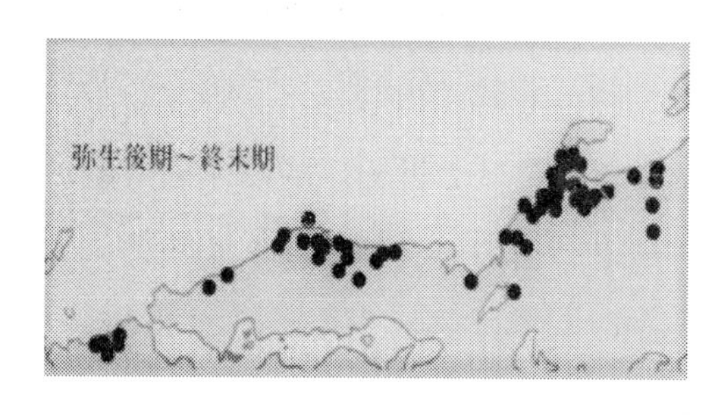

図 1-4　弥生後期の玉作遺跡

（　同　上　）

発生痕跡　近年における津波堆積土砂の地質調査

前 1 世紀末葉の南海トラフ大地震に伴う大津波

太平洋沿岸・瀬戸内海のほぼ全域に到達

高さは最大20m遡上高40m超の地域も

㊟現在気象庁が想定公表のデータを参考

恵まれた弥生中期に終わりを告げる大被害

集落被災　東南海の太平洋沿岸・瀬戸内海沿岸

農地は塩水被害で概ね7年間耕作不能

環濠集落解体し高所地に分散居住

航路被災　被災湊津の使用不能で日本海航路頼みに

工房被災　物づくり中心地域被災で交易・交流が大幅に縮小

㊟玉・青銅器・鉄器・土器・木器・石器・骨角器・職布の工房

玉作工房　内外の交易・交流に不可欠かつ最重要の産品

瀬戸内海・伊勢湾に接続する地域で廃業

北九州・山陰・北陸に再建

佐渡・越後の廃業は2世紀以降の「寒冷化」が原因

水田稲作地帯の後退で食糧確保が困難に

4．物部族の活躍

物部族　春秋戦国時代から活躍

山東半島から朝鮮半島西南部に進出

血族血統とは関係のない多業種工人の集団

豪族（大部族長）の下に集まってできた集団

６世紀の氏姓制度に基づく物部連（もののべのむらじ）とは異質

前３世紀　後葉に朝鮮半島西南部から北部九州に渡来

拠点集落に工房・市場を設置し倭奴国（いとのくに）創立

青銅器鋳造工房を肥前吉野ヶ里に設置

前２世紀　中葉に本州吉備へ進出し投馬国（つしまのくに）創立

中国・四国地方で国を創立し勢力を拡大

青銅器鋳造工房を紀伊堅田（かただ）に設置

後葉に河内（かわち）へ進出し国を創立して勢力を拡大

各地の工房設置に伴い朝鮮半島から渡来人多数

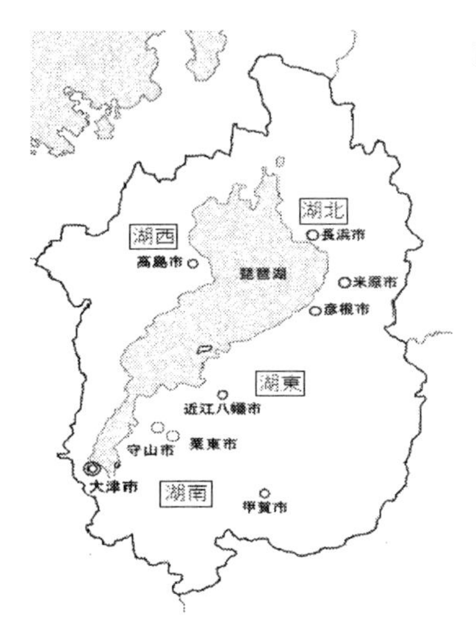

図 1-2　近江の琵琶湖周辺

前1世紀　青銅器鋳造工房を近畿・東海に設置

楽浪郡の王氏族は斉の琅琊(ろうや)郡出身で格好の取引相手

近畿の国が前漢昭帝に朝貢　㊟9章参照

本州の拠点に近江を選択し物部族の各系統が進出

3節　後期の概要

1．動乱の時代

対応年代　概ね1～3世紀半ば

(1)　1世紀

中国大陸　王朝交代　前漢　➡　新　➡　後漢

後　漢　東夷諸国の自治尊重政策に転換

楽浪郡治を在地主導型に切替え

東夷外交窓口を楽浪郡から遼東郡に変更

朝鮮半島　自立強盛　高句麗・濊貊(わいばく)・三韓

楽浪郡　王調が反乱を起こし一時独立

王調一族が辰韓斯盧(しろ)国に逃亡し王に就任

弁　辰　奴国が武人蘇我族の蘇馬諟(そまし)を派遣し鉄産

㊟朝貢のため姓名を中国風に

蘇馬諟が後漢光武帝に朝貢

君号・鉄印を賜授し邑は楽浪郡に帰属

辰　韓　　斯盧(しろ)国の王氏族が山陰の伯耆(ほうき)に侵攻

㊟６世紀の氏姓制度で王氏は和邇(わに)氏に

漢語の王(わん)が倭語のワニに転化

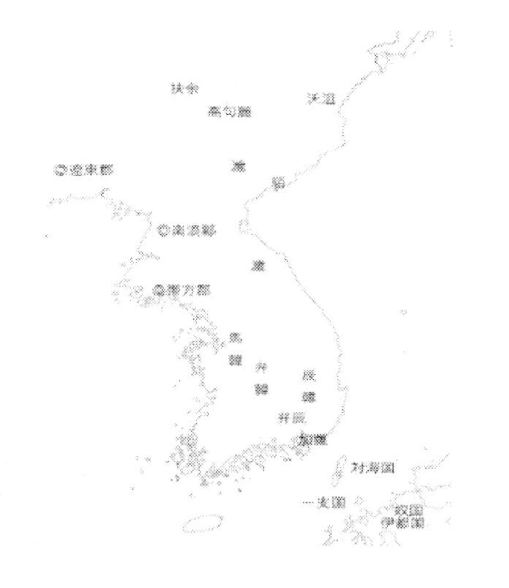

図 1-5　弥生後期の朝鮮半島

（『魏志』東夷伝より）

日本列島　「大津波」被災地の復興期

奴国が蘇我族を弁辰に派遣して鉄産

物部族の倭奴国が前漢平帝に朝貢

環濠集落解体し高台に移転して分散居住

王氏族による伯耆侵攻

物部族の倭奴国(いとのくに)が後漢光武帝に朝貢

物部族が王氏族に対抗するため近江に邪馬台国(やまいちのくに)創立

(2)　2世紀

中国大陸　「寒冷化」が始まり後漢混乱

匈奴（きょうど）・鮮卑（せんぴ）等の南下・西進で戦争多発

朝鮮半島　扶余（ふよ）・高句麗（こうくり）が南下侵攻

楽浪郡の太守が一時期遼東郡に逃亡

遼東郡太守公孫度が自立強盛化し楽浪郡を支配

日本列島　伯耆の王氏族と筑前奴国の蘇我族が強盛化し混乱

王氏族　多婆那国（たばなのくに）を創立し北陸に進出

㊟『三国史記』の史実改変（9章参照）

物部族が支配する因幡に侵攻

蘇我族　弁辰から奴国に引揚げ王に就任

西美濃に王・工人を送り込み狗奴国（かなのくに）創立

物部族　王氏族と戦闘になり第1次倭国大乱

邪馬台国（やまいちのくに）卑弥呼女王就任で王氏族と和議

卑弥呼女王が後漢霊帝に朝貢

(3)　3世紀前半

中国大陸　統一から分裂の時代に

後漢滅亡➡魏・呉・蜀・遼東の公孫➡魏・呉

朝鮮半島　楽浪郡・帯方郡を巡る抗争が激化

公孫　楽浪郡を支配し帯方郡を新設

　　　後漢滅亡し韓・倭が帯方郡に従属

魏　　公孫を滅ぼし楽浪郡・帯方郡を支配

　　　逃亡民引戻しで楽浪郡・帯方郡が三韓と戦闘

日本列島　邪馬壹国（やまいちのくに）と狗奴国（かなのくに）の抗争が激化

奴国（なのくに）　　いち早く公孫に従属

　　　　狗奴国に王・鉄器鍛冶工人の送り込み

邪馬台国　後漢滅亡し卑弥呼女王が公孫に従属

邪馬壹国　卑弥呼女王が魏明帝に朝貢

　　　　㊟邪馬台国と邪馬壹国は同じ国

　　　　狗奴国に戦闘で敗れ近江から大和に遷国

狗奴国　　西美濃から邪馬壹国の近江湖東に侵攻

　　　　邪馬壹国を攻撃し戦闘で勝利

2．朝貢と王国の承認

(1) 元始4年（4）の朝貢

典　拠　『漢書王莽伝』

　　　東夷が大海を渡り前漢平帝に朝貢

朝貢国　大海を渡る東夷は倭人のみ

　　　三雲南小路1号（糸島市）から金銅製四葉坐金具（こんどうせいしようざかなぐ）

　　　格別の朝貢や貢献のあった王・郡太守のみが賜授

『後漢書倭伝』の倭奴国（いとのくに）説が妥当

倭奴国　前３世紀物部族が創立した国で前２世紀本州進出

前１世紀から楽浪郡と交易・交流

１世紀末葉の近江邪馬台国創立以前は連合の中心国

(2)　中元２年（57）の朝貢

典　拠　『後漢書倭伝』

倭奴国が後漢光武帝に朝貢

倭奴国を承認し金印を賜綬

倭奴国　前漢に引続き楽浪郡と交易・交流を継続する目的

１世紀末葉邪馬台国創立後は連合の外交・交易担当国

㊟『魏志倭人伝』の伊都国（いとのくに）と同じ国

『魏志倭人伝』に郡使滞在の常設地

楽浪土器多量・王墓多数・前漢鏡多数の出土

☞倭奴国を倭の奴国とする説の矛盾

奴国にのみ倭を付す合理的理由見当たらず

後漢の王国承認が奴国から邪馬台国に転じる理由無し

奴国は楽浪土器少量・王墓１か所・前漢鏡少数の出土

奴国の本州進出は１世紀中葉の淡路が最初

奴国の青銅器・鉄器加工技術に楽浪郡の影響見られず

⑶ 永初元年（107）の朝貢

典　拠　『後漢書倭伝』・『翰苑（かんえん）倭国伝』

倭王師升（そちと）らが後漢安帝に謁見を要請

師　升　邪馬台国が倭面土（いまづ）国に派遣した一大率（いちのおおそち）（市大率）

倭奴国に常駐し外交・交易を監視　㊟『魏志倭人伝』

代理朝貢のため邪馬台国は不承認

経　緯　連合の中心は邪馬台国、外交・交易担当は倭奴国

王氏族の多婆那国（たばなのくに）創立により邪馬台国の承認が急務

邪馬台国・倭奴国の男王が物部族の内紛で不定

やむを得ず師升に命じて代理朝貢に及んだもの

⑷ 中平２年（185）の朝貢

典　拠　中国の史書に記述無し

東大寺山古墳出土の金象嵌花形環頭大刀（きんぞうがんはながたかんとうだいとう）が実証

邪馬台国の卑弥呼女王が後漢霊帝に朝貢

倭奴国に代わり邪馬台国を承認

経　緯　王氏族と物部族が和議を結び第１次倭国大乱収束

光和６年(183)物部族丹後支系の卑弥呼が女王に就任

㊟楽浪郡の働き掛けがあった可能性大

⑸ 景初２年（239）の朝貢

典　拠　『魏志倭人伝』

邪馬壹国（やまいちのくに）の卑弥呼女王が魏明帝に朝貢

経　緯　邪馬壹国が狗奴国の攻撃に対抗する目的

後漢に引続き魏の庇護を得るため承認が急務

3.　気候の寒冷化

対応時期　概ね２～10 世紀

民族移動　ユーラシア大陸の北方遊牧民族が南下西進

その地にいた農耕民族が南下西進の玉突き現象

大国滅亡　後漢（220 年）・西ローマ（476 年）

中国大陸　後漢が黄巾賊（こうきんぞく）など反乱頻発し三国時代に突入

魏文帝黄初６年（225）10 月呉との戦いで引揚げ

江蘇省揚州の水路凍結で軍船の使用不能

揚州は熊本市とほぼ同緯度の北緯 32 度付近

戦乱頻発で鍛造鉄器の需要が増加

朝鮮半島　扶余（ふよ）・高句麗（こうくり）・濊貊（わいばく）・三韓の自立強盛化

後漢の郡治が弱体化し遼東郡太守公孫度が自立

日本列島　水田稲作の北限が東北北部から北関東に後退

後退地域は狩猟採集と畑作・焼き畑農業に転換

金色に輝く大型銅鐸の登場

渡来人・列島内移住者の増加

中国から鍛造鉄器の供給が減少し争奪戦に

鍛造鉄器取得のため列島の貴重資源が争奪戦に

◆玉の原石（糸魚川の翡翠等）

◆宝貝（奄美・伊豆諸島）

奄美産は遼東郡・北方民族に

伊豆諸島産は北海道・北方民族に

◆漢方薬となる褐鉄鉱（近江・大和・三河）

◆朱丹(しゅたん)原材料の辰砂(しんしゃ)（伊勢・大和他）

4．神祀りの変革

(1) 墳丘墓祭祀の登場

背　景　「大津波」「大洪水」「寒冷化」の天災増加

民衆の不安が信仰心を助長

豊穣は神の喜び・災厄は神の怒り

九　州　神祀りは神に仕える神子(みこ)の勤め

神の怒りは神祀りの神子に起因

神子の公開処刑（撲殺・射殺・斬首）

墳丘墓祭祀を行った形跡無し

本　州　神祀りは神の化体（祭祀器）に対する集落の勤め

神の怒りは神の化体に起因

神の怒りに触れた神の化体は交代が必要

集落祭祀と墳丘墓祭祀を併行的に実施

首長墓　周溝墓　➡　墳丘墓　➡　方形突出部付墳丘墓

身分格差拡大で墳丘の形状が変化し大型化

墳丘の形状に地域的一体性

部族で行う祖霊神祭祀を墓前で挙行

中国の墓制・儒教・道教・仏教の影響

⑵　銅鐸の変化

形状変化　1世紀末　中型　➡大型　目的は洪水抑制

2世紀半　大型　➡巨大　同上

赤銅色➡金色　目的は寒冷化抑制

㊟錫の割合を正確に行う秤(はかり)が必要

図 1-6　大岩山の銅鐸

（守山弥生遺跡研究会

資料より引用）

近畿式　突起状の耳付き（水神の龍神を化体）

近江湖南の楽浪郡派遣工人が製作

三遠式　突起状の耳無し（山の神の蛇神を化体）

近江湖東の楽浪郡派遣工人が製作

出土数　近江 30・遠江 29・紀伊 15・三河 12

製作中止　３世紀初頭

大岩山　近江の三上山（近江富士）山麓（野洲市）

同山に物部族祖霊神の饒速日命（にぎはやひのみこと）が鎮座

邪馬台国の銅鐸を埋納（近畿式・三遠式を 24 個）

(3)　銅剣等の変化

形態変化

銅剣		鉄剣
銅矛	➡	鉄刀
銅戈		多孔銅鏃

多孔銅鏃　近江湖東・西東海で使用された新型

２世紀後葉の「大洪水」で集落が高地に移動

水田稲作から畑作に転換

５．邪馬台国の概要

(1)　創立の経緯

創　立　主体は北部九州で倭奴国（いとのくに）連合を率いていた物部族

１世紀末葉伯耆（ほうき）に進出した王氏族に対抗するため

連合代表国を本州に移し加入国拡大の目論見

暫定措置　倭奴国に外交・交易の権限を残置

倭面土国（いまづのくに）に一大率（いちのおおそち）を派遣し倭奴国を監視

近江選択　津波の影響がない内陸盆地

和名抄によれば西日本では最大の米生産地

『魏志倭人伝』に戸数７万戸

通運集散　本州における水運・陸運の要衝地

水運　瀬戸内海・淀川水系と琵琶湖

日本海・若狭の河川と琵琶湖

伊勢湾・西東海の河川と琵琶湖

陸運　山陽・山陰・北陸・東山・東海

(2)　内外の交易と交流

交流実態　人・物が双方向に移動

北部九州や大和ではみられない現象

原動力は連合加入国に設置した市場の存在

国外人　多地域から近江に来て生活

◆加羅・瀬戸内・山陰・北陸・東海・関東・畿内

近江人　多地域に出掛けて生活

◆２世紀前半の湖北系受口状口縁甕（うけくちじょうこうえんかめ）

物部族因幡支系が製作

会峴里貝塚（韓国金海市）等各地出土

◆２世紀後半の湖南系模様付土器

受口状口縁甕・壺・鉢・手焙形（てあぶりがた）

物部族河内本宗が製作

北部九州から関東まで各地で出土

交易拠点　狗邪韓国の良洞里（韓国金海市）

倭面土国の今津　（福岡県福岡市）

倭奴国の御床松原（みとこまつばら）（福岡県糸島市）

倭奴国の三雲　（　同　上　）

(3)　青銅器の鋳造

銅環権（どうかんごん）　漢代の秤（はかり）に用いた分銅

青銅器が金色を出すのに正確な錫の配合が必要

楽浪郡が青銅器鋳造工人を派遣したものと推定

◆２世紀前葉の下鈎（しもまがり）（滋賀県栗東市）

鋳型出土	１世紀	筑前	須玖	石製・土製
		同	三雲	同
		肥前	安永田	土製
		大和	一町（かずちょう）	石製・土製
		同	大福	同
		同	脇本	同
		河内	池島・福万寺	同
		加賀	一針（ひとつはり）B	土製

	同	吉崎・次場(すば)	同
	近江	服部	複数粘土板製
2世紀	筑前	須玖	石製・土製
	同	三雲	同
	近江	下々塚(げげづか)	複数粘土板製
	同	能登川石田(のとがわいしだ)	同
	同	下鈎	同

☞複数粘土板製鋳型の使用

近江に限定され1世紀末葉から楽浪郡が工人を派遣し支援

4節　倭国大乱

1．第1次倭国大乱

時　期　延嘉8年（165）～中平元年（182）18年間

1世紀　中葉　辰韓斯蘆(しろ)国4代目昔脱解(せきだっかい)王（57～87）のとき

伯耆(ほうき)の妻木晩田(むきばんだ)に王氏族進出し集落構築

『大津波』被災後の本州を支配する狙い

脱解王は楽浪郡逃亡の王氏族で昔氏に改姓

㊟『三国史記』は倭の多婆那国(たばなのくに)から漂着

史実改変（9章参照）

末葉　物部族が近江に邪馬台国(やまいちのくに)創立し王氏族に対抗

邪馬台国は政事体制と外敵防備対策に弱点

連合の外交・交易は筑前の倭奴国（いとのくに）が担当
成年男子多数が春出掛け秋戻る生活

2世紀　初頭　斯蘆国5代目朴婆娑（ぼくばしゃ）王（87～112）のとき
物部族の内紛をみて伯耆（ほうき）に多婆那国（たばなのくに）を創立

後葉　斯蘆国8代目朴阿達羅（あだら）王（154～184）のとき
王氏族が越前・越中に進出し玉作開始
多婆那国が人口増で樹木・食糧の入手困難
防備不十分な因幡（いなば）の青谷上寺地（あおやかみじち）に侵攻
青谷上寺地は物部族因幡支系の拠点集落
王氏族が近江進出と邪馬台国（やまいちのくに）男王位を要求
第1次倭国大乱は物部族と王氏族の戦闘
出雲族の仲介で和解し丹後の卑弥呼が女王に
㊟『因幡の白兎』の伝承を参考

2.　第2次倭国大乱

時　期　青龍2年（234）～嘉平元年（249）16年間

2世紀　後葉　弁辰の鉄産蘇我族が引揚げ奴国（なのくに）の王に

末葉　奴国は遼東の公孫といち早く通交
邪馬台国（やまいちのくに）は後漢に忠実で公孫に不服従
奴国が邪馬台国の魏接近阻止行動に着手

奴国(なのくに)が邪馬台国(やまいちのくに)攻撃計画を実行

西美濃に王・工人を送り込み狗奴国(かなのくに)創立

3世紀　前葉　奴国が狗奴国に卑弥弓呼男王・工人の送り込み

狗奴国が西美濃から近江に侵攻

後漢滅亡し邪馬台国が公孫に服従

中葉　邪馬壹国(やまいちのくに)が魏明帝に朝貢し王国の承認

狗奴国が邪馬壹国攻撃を強め戦闘激化

邪馬壹国が帯方郡に援軍の派遣要請

帯方郡は三韓と戦闘中で援軍派遣不可

邪馬壹国が敗れ卑弥呼女王が死去

王氏族が邪馬壹国男王を立て物部族と戦闘に

帯方郡使張政の告諭調停を受認し関係国和解

卑弥弓呼男王の赦免、近江の支配承認

邪馬壹国の大和(やまと)遷国、壱與(いちよ)女王の選出

3.　兵士と戦士

大陸の国　民族間の抗争に伴って戦争頻発

兵士徴発・徴税など統治制度充実

島国日本　戦争は飛鳥時代の百済復興軍派遣が最初

戦士は西日本の豪族（部族集合体）支配下住民

唐・新羅軍と百済・日本軍が水陸で戦闘

日本水軍が白村江で惨敗（663）

敗戦後唐に習い律令制の導入を急ぐ

戦士確保　武人　武内族が養成し派遣

各地首長・族長が集団の治安保持のため雇用

他集団と戦闘があれば戦士に

工人　豪族・部族の工房で働く手人（てひと）

戦闘で不利なとき戦士に

奴婢　豪族・部族の家事労働従事者

戦闘で不利なとき戦士に

戦士逃亡　工人・奴婢が戦場から東日本や北日本へ逃亡

捕縛を避けるため定住せず狩猟採集など移動生活

ヤマト朝廷は蝦夷（えみし）と蔑称

逃亡防止　多重環濠内に工房設置

監視砦の設置・刺青（いれずみ）による識別

【コラムⅠ】　韓に逃亡する楽浪郡民

⑴ 郡民の逃亡

王調反乱　更始３年（25）楽浪郡太守を殺害し自ら太守に

建武６年（30）皇帝が新太守王遵に王調殺害命令

着任すると現地では既に殺害済み

同族なので殺害せずに辰韓逃亡を隠匿したもの

郡民疲弊　「寒冷化」に伴う食糧事情の悪化と重税の負担

砂金・鉄の供給が減少し郡の財政困難に

郡民逃亡　桓帝・霊帝の時代（148～189）多数が辰韓に

『魏志韓伝』に楽浪の人は阿残（あざん）

阿残とは逃亡しないで残った仲間という意味

逃亡者は素性を隠すため改姓や無姓の装い

韓・濊（わい）　先進技術者を獲得するため逃亡民を助長

進化した鉄精錬と加工技術の取得が目的

⑵　逃亡民の取戻し

２世紀　末葉　後漢が混乱し遼東郡太守公孫度が自立

周辺地域の東夷を征討し楽浪郡を支配

３世紀　初頭　遼東郡太守公孫康が韓・濊を討伐

逃亡民の一部を取り戻し

楽浪郡の７県を分割し帯方郡新設

韓・濊・倭の外交窓口を遼東郡から帯方郡に

前葉　延康元年 (220) 後漢滅亡し倭・韓が公孫に服従

2章　古墳時代

対応年代　大和の古墳築造が全国に拡散した概ね350年間

始まりは大和に遷った邪馬壹国（やまいちのくに）の壱與女王

終わりはヤマト朝廷の崇峻大王（すしゅんおおきみ）

前　期　３世紀半～４世紀　㊟本書取り上げ

中　期　５世紀　㊟未定稿

後　期　６世紀　㊟同上

1節　前期前半

1．概要

時　期　概ね３世紀後半

250年　戦闘で多くの工人・奴婢を喪失

ものづくり停滞し多大な経済的損失

交易停滞で朝鮮半島に大きな影響

近江の邪馬壹国（やまいちのくに）が大和に遷国

魏で司馬懿（しばい）が実権掌握し張政が急遽帰国

邪馬壹国が張政を帯方郡に送り朝貢団を洛陽に派遣

260年　魏元帝が壱與女王と卑弥弓呼男王に同爵位授与

邪馬壹国・狗奴国（かなのくに）を外藩侯国として承認

266年　壱與女王・卑弥弓呼男王が晋武帝に朝貢

㊟『晋書』の円丘方丘は象鼻山の上円下方壇

270年　壱與女王死去し大和の邪馬壹国終焉

箸墓(はしはか)古墳（奈良県桜井市）の築造開始

271年　ヤマト国創立し物部族丹後支系の崇神(すじん)が初代王

宗像族丹後支系の安倍大彦が初代男弟王(おときみ)

273年　狗奴国の卑弥弓呼男王死去

象鼻山１号（岐阜県養老町）の築造開始

275年頃　狗奴国・奴国・多婆那国がヤマト国に服従

278年頃　奴国の鉄産蘇我族が加羅の金海鳳凰洞に移住

奴国に物部族が進出

280年　西晋武帝が呉を滅ぼし中国統一

㊟ヤマト国の朝貢不明

286年　高句麗が帯方郡を攻撃

ヤマト国と西晋の外交維持が困難に

289年　大海を越え東夷30か国が西晋武帝に朝貢

㊟『晋書』の東夷30か国はヤマト国連合

この頃ヤマト国の崇神王が初代連合王（大王(おおきみ)）に

㊟ハツクニシラススメラミコトの称号

290年　西晋武帝が死去し王朝内の権力争奪が激化

この頃加羅移住の蘇我族が任那国(みまなのくに)創立

292年　ヤマト国に服従した狗奴国王死去

西殿塚古墳（奈良県天理市）の築造開始

2.　大和邪馬壹国とヤマト国

(1)　マツリゴト体制の中央集権化

中央豪族　大王(おおきみ)・男弟王(おときみ)・大夫(たゆう)

大王は祭事、男弟王は政事の担当

重要事項は男弟王と大夫の協議制

地方豪族　君(きみ)

中央に定期の朝貢

中央に不定期の役務負担

独占化　外交交流・交易・古墳祭祀・鉄器加工・石器加工・玉加工

豪　族　主たる経済基盤は生産物・徴収物・田畑の貸付業

貸付料として食糧・織布・役務・奴婢を取得

農閑期に古墳築造・田畑開墾のため働き手を招集

働き手に籾米・塩を支給

(2)　外交交流と交易の変革

外交権限　大和邪馬壹国が筑前伊都国から取込み

㊟筑前西新町（福岡市）に三韓商人進出

加羅の土器が北部九州系から近畿系に変化

交易変革　交易地　北部九州➡近畿

旧航路　金海➡対馬➡壱岐➡糸島

新航路　金海➡沖ノ島➡宗像大島➡吉備津島➡河内

⑶　古墳祭祀の統一

権限集中　地域毎に異なる墳丘墓祭祀を古墳祭祀に統一

古墳築造に邪馬壹国・ヤマト国の承認必要

思想導入　陰陽五行説　万物生成論の思想

中国皇帝が作成配布する暦の知識

天円地方説　宇宙論に基づく思想

内行花文鏡（ないこうかもん）・方格規矩四神鏡（ほうかくきくしじん）の知識

魂魄再生　陰陽五行説に仏教・道教の影響

前漢末の劉歆（りゅうきん）による五行相生説の影響

埋葬墓に棺・槨・盛土・葺石・埴輪を使用し厚葬

死者の魂魄（こんぱく）を厳重に封じ込め人間界に再生を祈願

㊟「魂が天に上れば神となり、魄が地に下れば鬼となって再び元に還ること無し」

格差導入　形　状　前方後円墳＞前方後方墳＞円墳

大きさ　生前の地位で決定

前方後円墳　「天・地・人」の在り様を表象

3世紀前葉の備中（びっちゅう）で開始

◆矢藤治山（やとうじやま）墳丘墓（岡山市）

◆宮山墳丘墓（総社市）

(4)　鉄器加工の独占

鍛冶技術　原初的鍛冶から本格的鍛冶に移行

鞴（ふいご）・羽口（はぐち）・本格的鍛冶炉の使用

㊟帯方郡が工人を派遣し支援

羽口使用　鞴を使用して鍛冶炉に送風する送風管

断面蒲鉾形は帯方郡派遣工人によるもの

断面円形はヤマト国派遣工人息長（おきなが）族によるもの

羽口断面			
	纏向（奈良県桜井市）	3世紀半ば	蒲鉾形
	博多（福岡県福岡市）	3世紀後葉	同
	千代南原（神奈川県小田原市）	同	円形
	沖塚（千葉県習志野市）	同	同
	岩井安町（千葉県旭市）	同	同

㊟穴沢義功氏の調査に一部筆者追加

(5)　石器・玉の加工独占

石　器　加賀に工房を集中し他地域は必要最小限に

玉　　出雲に工房を集中し他地域は必要最小限に

2節　前期後半

1．概要

時　期　概ね4世紀

(1)　東アジアの混乱

中国大陸　再び分裂の時代に突入

西晋滅亡　➡　北朝は五胡十六国・南朝は東晋

朝鮮半島　小国再編の時代

楽浪郡＋帯方郡　➡　高句麗(こうくり)占拠

馬韓＋加羅の一部　➡　百済(くだら)建国

辰韓＋弁韓・加羅の一部　➡　新羅(しらぎ)建国

弁韓・加羅の残部　➡　加耶(かや)諸国

加羅の狗邪韓国(かやからくに)　➡　任那国(みまなのくに)

加耶連合　倭人系が中心となり加耶諸国の枢軸国が同盟結成

連合の中心国は任那国

(2)　日本列島

ヤマト国　中国大陸と朝鮮半島の混乱で対応に苦慮

313年　楽浪郡・帯方郡が滅亡し西晋との外交関係遮断

加耶連合と同盟

㊟蘇那葛叱智(そなかしち)は任那国から来た人質

都怒我阿羅斯等(つぬがのあらしと)は安羅(あら)国から来た人質

戦闘で勝利すると人質は貴人の扱い

318年　崇神大王死去（真陵は渋谷向山古墳）
垂仁大王即位

356年　垂仁大王死去（真陵は行燈山古墳）
景行大王即位

360年　加耶連合と同盟
㊟日本武尊（やまとたけるのみこと）は加耶から来た人質

369年　加耶連合と百済を支援し高句麗に勝利
百済が景行大王に贈る七支刀製作開始

372年～　百済が景行大王に七支刀贈呈
加耶連合と同盟
㊟誉田別尊（こんだわけのみこと）は加耶から来た人質

386年～　景行大王死去（真陵は宝来山古墳）
後継大王の選任で混乱
蘇我族が加耶から復帰

390年　応神大王（誉田別尊）即位か

391年　加耶連合と百済・新羅を討ち臣下に

393年　応神大王死去し軍神（八幡神）に奉斎
仁徳大王（倭王讃）即位

397年　百済と同盟　㊟百済太子腆支（テンシ）は人質

399年　百済・加耶連合と新羅を討つ

2. ヤマト国の独占強化策

(1) 特産品の支配

九州	薩摩	原材料	奄美の護法螺（ごほうら）・大蔦葉（おおつたのは）・芋（いも）・角（つの）・面夜光（めんやこう）宝（たから）の貝殻
		製品	腕輪等
山陰	出雲	原材料	花仙山の碧玉・瑪瑙（めのう）・水晶・滑石
		製品	多様な玉類
近畿	大和	原材料	辰砂
		製品	朱丹
東海	伊勢	原材料	辰砂
		製品	朱丹
	三河	原材料	褐鉄鉱
		製品	太一禹余糧（たいいつうよりょう）（高価な漢方薬）
北陸	加賀	原材料	緑色凝灰岩
		製品	管玉・鍬形石（くわがたいし）・車輪石（しゃりんせき）・石釧（いしくしろ）・合子（ごうす）石鏃
	越後	原材料	翡翠・瑪瑙・石英
		製品	勾玉・管玉・小玉
関東	常陸	原材料	瑪瑙
		製品	玉類

(2) 鉄器鍛冶の支配

鍛冶工人　息長族を各地に派遣

工人を分散し反乱による集結と襲来を阻止

武埴安彦（たけはにやすひこ）王の反乱鎮定で実証

鉄製武器　保有は物部族本宗に集約

過去に起きた攻伐争乱の経験を活用

工人派遣	八幡脇	（茨城県土浦市）	4世紀	羽口断面円形
	山崎山	（埼玉県宮代田町）	同	同
	五千石	（新潟県長岡市）	同	同
	古志本郷	（島根県出雲市）	同	同
	一針B	（石川県小松市）	同	同
	小戸	（兵庫県川西市）	同	同
	松木広田	（愛媛県今治市）	同	同
	次郎丸	（福岡県福岡市）	同	同
	寺田	（大阪府和泉市）	同	同

㊟穴沢義功氏の調査に一部筆者追加

3. 年表

307年　西晋懐帝のとき異民族決起（永嘉の乱）

313年　楽浪郡・帯方郡を西晋が放棄し高句麗が占拠

316年　愍（ビン）帝のとき西晋滅亡

317年　中国が北朝五胡十六国と南朝東晋に分裂

330年　高句麗が北朝後趙（羯族）に朝貢

336年　高句麗が南朝東晋に朝貢

339年　北朝前燕（鮮卑族）が高句麗に侵攻

342年　北朝前燕が高句麗に侵攻し大勝

346年　扶余族が馬韓北部に百済建国

356年　辰韓の斯盧国が新羅建国

359年　高句麗が北朝前燕の臣下に

360年　百済・新羅が高句麗の臣下に

369年　高句麗が百済に侵攻し敗北

371年　高句麗が百済に侵攻し敗北

　　　　百済が高句麗平壌城に侵攻し大勝

372年　百済が南朝東晋に朝貢

377年　高句麗・新羅が北朝前秦（氐族）に朝貢

391年　加耶連合・ヤマト国が百済・新羅を討ち臣下に

392年　高句麗が百済北部を討つ

396年　高句麗が百済を討ち臣下に

399年　百済・加耶連合・ヤマト国が新羅を討つ

【コラムⅡ】鉄器製造の進化と伝播

(1) 中国大陸

前5世紀　焼きなまし法による可鍛鋳鉄

前3世紀　脱炭剤使用による可鍛鋳鉄
鋳造鉄器（板状鉄・棒状鉄）の大量生産

前2世紀　青銅器優位から鉄器優位の時代に

前119年　前漢が鉄の国家専売制導入

前1世紀　製鉄用鞴に水車動力使用
炒鋼法（本格的熔解炉＝大鍛冶）による可鍛鋳鉄
可鍛鋳鉄の鍛鉄化（小型加熱炉＝小鍛冶）
鍛造鉄器（鉄斧・鉄棒）の大量生産

(2) 朝鮮半島

前3世紀　中国から鋳造鉄器（板状鉄・棒状鉄）流入

前2世紀　原初的鉄器鍛冶
石器・鏨・加熱炉で加工し研磨
◆加羅莱城（韓国釜山市）

前108年　前漢が朝鮮に4郡設置

前1世紀　中国から鍛造鉄器（鉄斧・鉄棒）流入
韓・濊・倭が加羅・弁辰で鉄採取
鉄鉱山から流下した鉄玉石を河原で拾得

熔解炉で砕片鉄を海綿鉄に加工する原初的製鉄

加熱炉で海綿鉄を棒状鉄斧に加工

棒状鉄斧を代用通貨として使用し郡にも供給

鉄専売制非適用の楽浪郡は独自判断可能

1世紀　河原の鉄玉石が無くなり鉄鉱石採掘に移行

採掘に必要な道具を楽浪郡派遣工人が供給

鉄槌・鏨・鞴・加熱炉を使用した本格的鉄器鍛冶

◆濊族馬場里（韓国加平郡）

◆加羅茶戸里（韓国昌原市）

3世紀末　採掘に必要な道具を帯方郡派遣工人が供給

熔解炉・加熱炉を使用した本格的製鉄

◆濊族石帳里（韓国鎮川郡）

⑶　日本列島

前2世紀　物部族が加羅工人を招請し原初的鉄器鍛冶

石器・鏨で加工し研磨

◆吉ヶ浦（福岡県太宰府市）

前1世紀　奴国が加羅工人を招請し原初的鉄器鍛冶

石器・鏨・加熱炉で加工し研磨

◆仁王手（福岡県春日市）

1世紀　初頭　奴国が弁辰に蘇我族を派遣し鉄を採取

末葉　楽浪郡が工人を派遣し鉄器鍛冶進化

石器・鏨・鞴・加熱炉使用

◆唐神（からかみ）（長崎県壱岐市）

2世紀　後葉　弁辰から鉄産蘇我族が奴国に引き揚げ

3世紀　帯方郡が工人を派遣し本格的鉄器鍛冶

鉄槌・鏨・鞴・加熱炉使用

半ば　◆纏向（まきむく）（奈良県桜井市）

後葉　◆博多（福岡県福岡市）

4世紀　渡来人息長（おきなが）族が工人を各地に派遣し本格的鉄器鍛冶

6世紀　豪族が百済工人を招請し本格的製鉄

箱形鉄製錬炉使用

中葉　◆千引（せんびき）カナクロ谷（岡山県総社市）

◆遠所（えんじょ）（京都府京都市）

3章　朝鮮半島

1節　楽浪郡・帯方郡

朝鮮半島　鉄の他、金・銀の資源に恵まれた土地柄

元封3年（前108）前漢武帝が四郡設置

㊟楽浪（らくろう）・臨屯（りんとん）・玄菟（げんと）・真番（しんばん）

設置目的　鴨緑江（おうりょっこう）に注ぐ中小河川の砂金収集

㊟採集供給者は高句麗人

洛東江（らくとうこう）に注ぐ中小河川の鉄玉石（てつたまいし）収集

㊟採集供給者は韓人・濊（わい）人・倭人

1．楽浪郡・帯方郡の歴史

前108年　前漢武帝が設置（25県・6万戸）

㊟近江邪馬壹国（やまいちのくに）は7万戸

東夷諸国の外交窓口に

後　9年　新王莽（おうもう）が楽鮮郡と改名

25年　王調が郡の独立宣言をし反乱

30年　後漢光武帝が王調を倒し楽浪郡復活

東夷の外交窓口を楽浪郡から遼東郡に変更

198年　遼東郡太守公孫度が自立し楽浪郡を支配

204年　遼東郡太守公孫康が楽浪郡を分割し帯方郡設置

韓・濊（わい）・倭の外交窓口を帯方郡に変更

207年　魏曹操が遼東郡太守公孫康を襄平侯・左将軍に

228年　魏明帝が公孫淵を遼東郡太守・揚列将軍に

232年　呉孫権が公孫淵を燕王に

233年　魏明帝が公孫淵を大司馬・楽浪公に

238年　魏明帝が公孫淵を倒し楽浪郡・帯方郡支配

265年　西晋武帝が魏を倒し楽浪郡・帯方郡支配

313年　高句麗が楽浪郡・帯方郡を占拠し西晋愍（びん）帝が放棄

2．倭・漢の交易

交易航路　朝鮮半島西岸・南岸の外洋航路を利用

㊟交易航路と外交交流路が異なることに留意

交易商人　本拠地が山東半島・遼東半島・楽浪郡の漢人

交易地　時代が下るに従い加羅から北部九州に移動

前1世紀　前半　加羅の勒島（韓国泗川市）

後半　壱岐の原の辻（壱岐市）

1世紀　加羅の茶戸里（韓国昌原市）

倭奴国の御床松原（みとこまつばら）・三雲（みくも）（糸島市）

2世紀　狗邪韓国（かやからくに）の良洞里（韓国金海市）

倭面土国の今津（福岡市）

倭奴国の御床松原・三雲（糸島市）

3．『魏志倭人伝』の外交交流路

(1)　帯方郡から水行

「郡ヨリ、海岸ニ循（シタガ）ヒテ水行ス」

海　岸　朝鮮半島の西海岸（黄海沿岸）説は不成立

帯方郡のある漢江の岸辺を指す説が妥当

多数の河川が流れ込む内海・内湾・大河・湖沼が海（うみ）

岸辺に従った舟の往来が水行で官人・朝貢団が利用

(2)　狗邪韓国までは水行と陸行

「韓国（カンノクニ）ヲ歴（ヘ）テ、乍（タチマ）チ南シ乍（タチマ）チ東シテ、其ノ北岸狗邪韓国（カヤカラクニ）ニ到ル」

本　文　極端に省略された表現なので分解し詳述必要

出発点　水行　漢江の下流 ➡（水行） 南漢江の上流（韓の諸国経由）

途　中　陸行　南漢江の上流 ➡（陸行） 洛東江の上流

月岳山麓の辰王がいた月支（げっき）国（忠州）経由

馬韓・弁韓・辰韓を結ぶ内陸交通の要衝地

後　半　水行　洛東江の上流 ➡（水行） 洛東江河口の北岸

南下・東行を繰返し狗邪韓国（かやからくに）（良洞里）到着

⑶ 狗邪韓国から渡海

「七千余里ニシテ、始メテ一ツ海ヲ渡ル」

里　程　帯方郡から狗邪韓国（かやからくに）まで7千余里（概ね2900㎞）

一つ海　狗邪韓国から始めて外洋（対馬海峡）を航行
外洋航行は渡ると言い、水行と区別　㊟倭語の渡海（わたつみ）

⑷ 投馬国までは水行

「南シテ投馬国（ツシマノクニ）ニ至ル。水行二十日ナリ」

方　位　南は東の誤りで所要日数に誇張

出発地　不明だが水行なので瀬戸内海
企救半島不弥国（うみのくに）（海国）　➡　吉備投馬国（津島国）
日本海を行くのであれば一つ海を渡るはず

⑸ 邪馬壹国までは水行か陸行

「南シテ邪馬壹国（ヤマイチノクニ）ニ至ル。女王ノ都スル所ナリ。水行ナレバ十日、陸行ナレバ一月ナリ」

方　位　南は東の誤りで所要日数に誇張

所在地　近江であれば水行か陸行の選択可能
大和川が未整備なので大和は水行と陸行の併用のみ
河内から大和へ陸行一月は長過ぎ

2節　加羅

加　羅　朝鮮半島南部にあった倭人の居住地

弥生中期に倭人が増加し北部九州と密接な関係

交易・交流従事の韓人・濊貊(わいばく)人・漢人が混住

3世紀　半ば　北部九州に代わって近畿が密接な関係に変化

4世紀　前葉　朝鮮半島は高句麗・新羅(しらぎ)・百済(くだら)の三国時代に

弁韓・弁辰・加羅の拠点国は加耶連合を組織

加耶連合はヤマト国連合と同盟し三国に対抗

6世紀　半ば　加耶連合崩壊し地域全体が新羅・百済に併合

一部の支配層がヤマト国連合に亡命

1．交易の拠点地

前1世紀　加羅の勒(ろく)島（韓国泗川市）

1世紀　加羅の茶戸里（韓国昌原市）

2～3世紀半　狗邪韓国(かやからくに)の良洞里（韓国金海市）

4世紀　任那国(みまなのくに)の大成洞（韓国金海市）

2．地勢

(1)　海運・水運

日本海　辰韓・濊貊(わいばく)・倭人諸国

黄　海　馬韓・帯方郡・楽浪郡・山東半島・遼東半島

対馬海峡　倭人諸国

洛東江　弁辰・弁韓・辰韓・馬韓・濊貊・帯方郡・楽浪郡

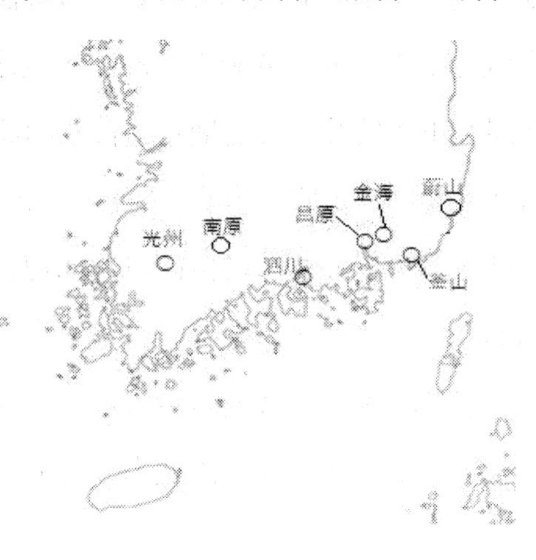

図３-１　韓国南部略図

⑵　交易の担い手

沿岸漁民　小規模地域で自由な取引

沿岸商人　広域的地域における自由な取引

御用商人　郡・国の特権を有する商人の取引

３．弥生式土器出土地

蔚山市　中山洞薬水　概ね前１世紀～

　　　　梅谷洞　　　　　同

　　　　達川鉄山　　　　１世紀～

釜山市	温泉洞	概ね前２世紀初頭～
	北亭洞	同　　　後半～
	莱城	同
	北亭貝塚	前１世紀～
金海市	会峴里	前３世紀～
	興洞	前２世紀後半～
	大成洞	同
	池内洞	１世紀～
昌原市	茶戸里	同
泗川市	勒島	前１世紀～
	芳芝里	同
光州市	新昌洞	同

３節　墳墓遺跡

１．楽浪漢墓の事例

官人の姓　前 108～後 313 年　王氏・韓氏

前 108～後 204 年　程氏・張氏・楊氏・高氏

後 204～後 313 年　貫氏・杜氏

⑴　貞栢洞１号

所　在　大同江左岸貞栢洞古墳群（北朝鮮平壌市）

形　態　前1世紀前葉の方形台状墳丘墓

仕　様　土壙式木槨墓（15×15m）

副葬品　鉄剣等武器・車馬具・小銅鐸

特殊物　銀印（夫祖濊君の刻字）

被葬者　楽浪郡設置当初の太守とみられる東夷の夫祖濊君

☞濊族の移動

戦国時代　淮州（河南省）から遼東方面に移住したとの説

濊君南閭　前漢武帝の東方攻略に28万の配下住民と降伏

不耐濊王　『魏志濊伝』に出てくるは濊族の王

(2)　石巌里219号

所　在　大同江左岸石巌里古墳群（北朝鮮平壌市）

形　態　紀元前後の方形台状墳丘墓（30×30m）

仕　様　土壙式木槨墓に木棺（東棺・西棺）

副葬品　銀装黒漆塗鞘鉄剣等武器・車馬具・生活用具

特殊物　東棺　木印（國野之印の刻字）

西棺　亀紐銀印（王根信印の刻字）

被葬者　東棺は王根の妻、西棺は楽浪郡太守の王根

㊟王根は斉の琅琊郡から移住した漢人

⑶ 石巌里9号

所　在　大同江左岸石巌里古墳群（北朝鮮平壌市）

形　態　１世紀前半の方形台状墳丘墓（30×30m）

仕　様　丸石囲木槨墓に黒漆塗木棺

副葬品　銅鏡（連弧文銘帯鏡（れんこもんめいたい）2・禽獣文鏡（きんじゅうもん））、武器（鉄剣等）
車馬具、生活用具、装身具（碧玉璧等・純金帯鉤（おびこう））

特殊物　亀紐玉璽　永壽安寧の刻字　㊟金印より格上
漆　器　　居摂３年（８）銘　㊟西暦８年に太守在任

被葬者　副葬品から皇族とみられ、前漢末期の楽浪郡太守劉憲
更始３年（25）王調の反乱で殺害

⑷ 貞栢里127号

所　在　大同江左岸貞栢里古墳群（北朝鮮平壌市）

形　態　１世紀末葉～２世紀初頭の方形台状墳丘墓（45×45m）

仕　様　東棺　塼併用木槨墓に黒漆塗四葉座金具付木棺
西棺　普通の木棺

副葬品　銅鏡（連弧文銘帯鏡・方格規矩四神鏡（かたかくきくしじん））、武器（鉄剣等）、車馬具、生活用具、装身具（金銅帯鉤）

特殊物　両面木印　楽浪太守掾（じょう）王光之印・王光私印の刻字
鼻鈕木印　臣光の刻字
漆　器　　建武21年・同28年・永平12年の銘

㊟西暦45年・52年・60年に太守在任

被葬者　東棺は王光の妻で皇族の太守。西棺は楽浪太守掾（補佐役）の王光

☞女性の太守

極めて珍しい事例

倭奴国（いとのくに）・邪馬台国（やまいちのくに）の女王選任に影響した可能性大

2．加羅の墳墓事例

王　墓　前1～後1世紀（三韓前期）　土壙式木棺墓

2～4世紀前半（三韓後期）　土壙式木槨墓

4世紀後半～　（三国）　土壙式石棺墓

特　色　遺体頭部が全て東向きの東枕（ひがしまくら）式

墳墓内部に辰韓産の雲母（うんも）を散布

日の出の光で鳥の卵から再生する信仰有り

下位者墓　時代に関係なく支石墓・甕棺墓

(1)　会峴里貝塚甕棺3号

所　在　標高7ｍ洛東江下流会峴里（かいけんり）貝塚遺跡（韓国金海市）

形　態　前1世紀前半の土壙墓

仕　様　城ノ越式甕棺墓

副葬品　武器（細形銅剣2）、工具（青銅槍鉋8）、装身具（碧

玉管玉２）

被葬者　倭奴国系首長

⑵　大成洞 84 号

所　在　標高９m 洛東江下流大成洞古墳群（韓国金海市）

形　態　前１世紀後半の支石墓

仕　様　木棺墓

副葬品　銅鏡（多鈕細紋鏡）、武器（細形銅剣）、装身具(硝子管玉首飾）　㊟３種の神器副葬

被葬者　倭奴国系首長

⑶　茶戸里１号

所　在　標高 20m 洛東江流域茶戸里（さとり）古墳群（韓国昌原市）

形　態　１世紀前半の土壙墓

仕　様　栗割竹形木棺墓　㊟栗の木は鉄鍛冶用木炭に最適

副葬品　棺内　武器(鉄剣)、用具（木製合子・漆塗扇子２）、材料（板状鉄斧）、装身具（硝子管玉首飾）

棺外　星雲文鏡(三雲南小路２号・吉武樋渡 62 号同范）武器（鉄剣・鉄矛・鉄戈・漆塗鞘付中細銅矛・有柄中細銅剣・漆塗弓・矢柄束）、工具（鉄足袋・素環頭刀子）、材料（鋳造鉄斧・鍛造鉄斧・板状鉄斧）、用具（漆塗筆・漆塗竹籠・木製盆・馬鈴）、

装身具（円環銅釧・青銅帯鉤）、銅貨（五銖銭）

土　器　楽浪系土器の前期瓦質土器袋状壺

被葬者　楽浪郡に鉄を供給した倭奴国系の鉄産王

⑷　良洞里 55 号

所　在　標高 10m 洛東江下流良洞里古墳群（韓国金海市）

形　態　１世紀末の土壙墓

仕　様　栗割竹形木棺墓

副葬品　銅鏡（奴国産小型仿製鏡）、武器（鉄製短剣）

装身具（硝子管玉首飾）、材料（鋳造鉄斧）

土　器　楽浪系土器の前期瓦質土器壺

被葬者　狗邪韓国で鉄器加工をした奴国系の王

⑸　良洞里 162 号

所　在　標高 10m 洛東江下流右岸良洞里古墳群（韓国金海市）

形　態　３世紀前葉の大型土壙墓

仕　様　木槨墓

副葬品　銅鏡（連弧文鏡・星雲文鏡・奴国産小型仿製鏡８）、

武器（大型鉄剣６・同鉄刀・鉄矛多数・素環頭大刀）、

材料(板状鉄・棒状鉄)、用具（蕨手飾轡（わらびてかざりくつわ））、装身具（翡翠勾玉（ひすいまがたま）付硝子管玉頸飾）

土　器　楽浪系土器の後期瓦質土器台付長頸壺（だいつきちょうけいこ）

被葬者　公孫と交易交流のあった狗邪韓国の奴国系王

⑹　大成洞１３号

所　在　標高９m 洛東江下流右岸大成洞古墳群（韓国金海市）

形　態　４世紀前半の大型土壙墓　㊟盗掘あり

仕　様　大型木槨墓（主槨６×4m、副槨 3.7×4m）

副葬品　武器（鉄器・石鏃 16）、武具（盾２・巴形銅器６）
石器（鍬形 15・異形）

土　器　土師器甕

被葬者　３世紀後葉奴国から金海鳳凰洞に移住し、任那国を創立した鉄産蘇我族の王

３．その他の墳墓事例

⑴　鴨緑江流域

前３～後５世紀　高句麗系墳墓群　方形・円形の積石塚
竪穴式石槨➡横穴式石槨
◆雲坪里（慈江道楚山郡）

⑵　臨津江・漢江の上流域

２～３世紀　濊(わい)族・貊(はく)族系墳墓群　方形・円形・楕円形積石塚
竪穴式石槨
◆鶴谷里（京畿道漣川郡）

◈中島（江原道春川市）

◈陽坪里（忠清北道堤川市）

⑶ 錦江中流域・牙山湾の地域

前３世紀～　物部族支配地域　住民が日本列島に多数移住

２～３世紀　馬韓の墳墓群　低丘陵地にコの字型周溝土壙墓

木棺・木槨

◈下鳳里（忠清南道公州市）

⑷ 栄山江流域・西海岸南部地域

前３世紀～　物部族支配地域　住民が日本列島に多数移住

２～３世紀　馬韓の墳墓群　低丘陵地の尾根上に周溝墓

棺・槨不明

◈寛倉里（忠清南道保寧市）

【コラムⅢ】国の形成と市場の設置

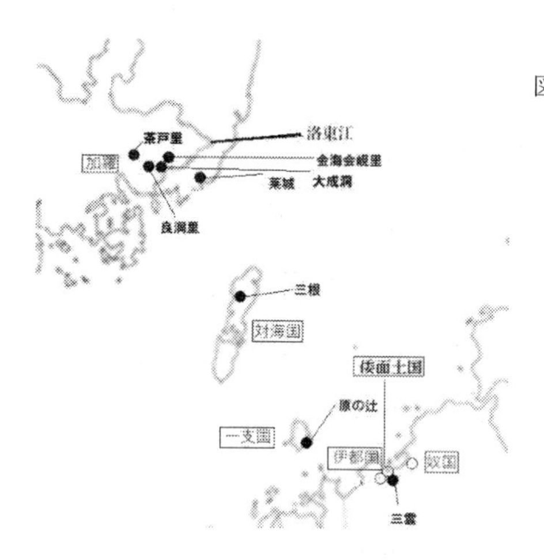

図3-2　加羅と伊都国の交易交流航路

(1)　『魏志倭人伝』の国

「国国ニ市有リ、有無ヲ交易ス。大倭ヲシテ之ヲ監セシム」

国　加羅を含む倭人の国に国邑と称する30の拠点国

市　国邑に交易・交流の拠点となる市場を設置

市場監理者は大倭王が派遣した大倭（大市）

大倭王（邪馬壹国王）が市場設置権限を保持

前3世紀　加羅と北部九州を結ぶ航路上に拠点国創立

中国人・韓人・倭人の海人が活躍

- 対海国　三根（対馬市）　全容不明
- 一支国　原の辻（壱岐市）　市場の存在明白

前2～1世紀　日本列島の拠点国に市場設置

◆倭奴国（いとのくに）　御床松原（みとこまつばら）・三雲（みくも）（糸島市）

(2)　国のかたち

中心集落　多重環濠集落の中に市場・工房を設置

大倭（おおいち）・ものづくり専業工人が居住

卑狗（ひこ）　治安維持役の武人（彦）で多重環濠集落の首長

卑奴母離（ひなもり）　工人の生活を支援する守人（もりびと）（鄙守（ひなもり））集団の首長

工人は豪族の所有で集落外に出られない

守人集団　集落の周辺（鄙）に居住し工人の生活を支援

外部の一般集落から食糧・衣料を調達

海　人　舟を持つ商人で原材料・完成品の売買と運送

(3)　国の創立

弥生中期　実に良くできた一連の仕組みを物部族が活用

各地の拠点集落に市場・工房の立上げ

倭人の国　加羅と日本列島で100か国余

うち有力な30か国に市場を設置

4章　九州

1節　筑前・筑後

筑紫（つくし）　律令以前の筑前・筑後の総称

筑前　中国大陸・朝鮮半島との交易・交流窓口

弥生中期に国・市場が創設され質量ともに増大

前3世紀　物部族・安曇（あずみ）族・宗像（むなかた）族が倭奴国創立

『魏志倭人伝』の泄謨觚（しまこ）（州子（しまこ））は海人安曇族

『魏志倭人伝』の柄渠觚（へぎこ）（剥子（へぎこ））は海人宗像族

㊟剥子（へぎこ）＝潜水漁師

前2世紀　倭奴国連合が本州に進出し国創立

加羅から吉武高木に武人の武内族が渡来

安曇族・武人蘇我族が奴国（なのくに）創立

『魏志倭人伝』の兕馬觚（しまこ）（州子）は海人安曇族

㊟国毎に卑賤文字を使い分け

前1世紀　倭奴国連合が本州で創立国を増加

末葉　倭奴国連合「大津波」で大打撃

1世紀　前葉　奴国が弁辰に蘇我族を派遣し鉄を採取

倭奴国連合「大津波」による被災復旧

奴国が独自の外交・交易を展開

　　　　末葉　邪馬台国創立で倭奴国は外交・交易担当
　　　　　　　一大率の倭面土国王が倭奴国に常駐し監視
　　　　　　　加羅と奴国の交易隆盛が倭奴国に打撃
2世紀　後葉　第1次倭国大乱が倭奴国の交易に打撃
　　　　　　　弁辰派遣の蘇我族が奴国に引揚げ王に就任
3世紀　中葉　大和邪馬壹国が伊都国の外交・交易を取込み
　　　　　　　三韓商人の筑前進出
　　　　後葉　狗奴国・奴国・多婆那国がヤマト国に服従
　　　　　　　奴国の蘇我族が加羅に移住し任那国創立
4世紀　後葉　応神帝のとき蘇我族がヤマト国に引揚げ

1．遺跡事例

(1) 板硯製作工房

前2世紀　倭奴国の御床松原・閏地頭給（糸島市）

(2) 鉄器鍛冶工房

技能水準　鞴・鉄槌を使用しない原初的鉄器鍛冶

前2世紀　吉ヶ浦（太宰府市）　㊟国名不明

前1世紀　奴国の須玖仁王手（春日市）

1世紀　奴国の須玖赤井手（　同　）

　　　　　倭面土国の今宿五郎江・大塚（福岡市）

⑶ 青銅器鋳造工房

技能水準 旧式の石製鋳型で大型・複雑なもの制作不可

製作銅器 多鈕細文鏡・連弧文日光銘鏡・銅矛・銅戈・銅剣
小銅鐸・銅鏃・筒形・巴形

前1世紀 奴国の須玖タカウタ（春日市）

1世紀 奴国の須玖坂本・小倉大幸（同上）
倭奴国の三雲井ノ川・川端・屋敷田（糸島市）

2世紀 奴国の須玖永田・赤井手・黒田（春日市）

⑷ 玉作工房

前1世紀 奴国の須玖五反田（春日市）
石製鋳型使用の硝子勾玉加工

2世紀 奴国の須玖赤井手（春日市）
石製鋳型使用の硝子勾玉加工

3世紀 伊都国の潤地頭給（糸島市）
水晶・瑪瑙の玉加工

⑸ 西新町遺跡

所　在 標高5m室見川河口右岸（福岡市）

形　態 3世紀半ば〜4世紀半ばの集落

建　物 竈（かまど）付竪穴式建物20超

遺　物 土器（三韓・三国系の土師器）、石器（石錘・板硯5）

装身具（碧玉管玉）、工具（鉄鑿(のみ)・碧玉紡錘車）、材料（板状鉄・硝子容器片）、銅貨（五銖銭）

☞**三韓系商人の進出**

伊都国と奴国の間にあった砂丘地に集落構築

３世紀半ば第２次倭国大乱が鎮静化したとき

大和邪馬壹国が外交・交易の権限を伊都国から取込み

大和邪馬壹国が外交・交易の航路を変更

伊都国・奴国の経済力が一気に崩壊

⑹ 市ノ上東屋敷

所　在　標高１５ｍ筑後川下流左岸（久留米市）

形　態　３世紀後葉～４世紀初頭の周溝付特殊建物

周　溝　一辺 23ｍの正方形

建　物　大型高床式総柱掘立建物２　㊟ヤマト国の屯倉

２×３間（床 60 ㎡）

㊟管理者は筑後川の水運を担った首長

２．墳墓事例

墳墓型式　後年の削平で形状不明のものが多数

方形周溝墓　丘陵地に築造し青銅器・鋳造鉄器を副葬

前３世紀以降朝鮮半島西南部の渡来人が伝播

凡　例　㊅：　連弧文銘帯鏡(れんこもんめいたい)・内行花文鏡(ないこうかもん)

(方)：　方格規矩四神鏡（かたかくきくしじん）

(画)：　画文帯神獣鏡（がもんたいしんじゅう）

(双)：　双鳳文鏡（そうほうもん）

(三)：　三角縁神獣鏡（さんかくえんしんじゅう）

数字は副葬枚数、以下各章同様

①1世紀

三雲南小路1号（みくもみなみしょうじ）	（糸島市）	方形周溝墓	(内)26超
三雲南小路2号	（糸島市）	方形周溝墓	(内)16超
吉武樋渡62号	（福岡市）	方形台状墓	
立岩堀田10号	（飯塚市）	形状不明	(内)6
東小田峰	（筑前町）	同	(内)1

②2世紀

井原鑓溝9号（いわらやりみぞ）	（糸島市）	形状不明	(内)21
上町向原	（同　　）	同	五尺刀
須玖岡本D（すぐおかもと）	（春日市）	同	(内)13超(双)1
三雲寺口Ⅱ-17	（同　　）	方形区画墓	
飯氏Ⅱ区	（福岡市）	同	

③3世紀前半

平原1号（ひらばる）	（糸島市）	長方形周溝墓	(内)7(方)32
酒殿	（粕屋町）	形状不明	

平塚	(同　　)	円形墳丘墓	(内)1
亀山	(志免町)	方形墳丘墓	
名子道2号	(福岡市)	隅丸方形墳丘墓	
宮の前C	(同　　)	突出部付方形墳丘墓	
比恵 SD01	(同　　)	方形墳丘墓	
津古2号	(小郡市)	形状不明	

④3世紀後半

那珂八幡(なかはちまん)	(福岡市)	前方後円墳	㊂1
原口	(筑紫野市)	同	㊂3
御道具山	(糸島市)	同	
津古生掛	(小郡市)	形状不明	

⑤4世紀前半

端山	(糸島市)	前方後円墳	
津古1号	(小郡市)	形状不明	

⑥4世紀後半

一貴山銚子塚(いきさん)	(糸島市)	前方後円墳	(内)1(方)1㊂8
島津丸山	(遠賀町)	同	
三国の鼻1号	(小郡市)	形状不明	

⑴　三雲南小路1号・2号

所　在　標高51m瑞梅寺川・赤崎川の間（糸島市）

形　態　1世紀前葉の方形墳丘墓（30×30m）

仕　様　王・王妃同墓埋葬、甕棺墓　㊟楽浪漢墓の影響

副葬品　1号　銅鏡（大型連弧文銘帯鏡26・大型重圏文鏡2大型不明鏡3超)、武器（銅剣・銅戈）、装身具（硝子勾玉3・同管玉60以上）

2号　銅鏡（重圏文鏡・星雲文鏡・小型連弧文日光銘鏡12・小型重圏文鏡6・小型単圏文鏡2）、装身具（硝子玉垂飾・同勾玉2・硬玉勾玉）

特殊物　朱丹入小壺・硝子璧破片・金銅製四葉坐金具8超

被葬者　1号は元始4年（4）前漢平帝に朝貢した倭奴国王。2号は王妃

⑵　井原槍溝9号

所　在　標高53m瑞梅寺川・赤崎川の間（糸島市）

形　態　2世紀前半の墳形不明墓　㊟江戸時代に乱掘

仕　様　甕棺墓

副葬品　銅鏡（方格規矩四神鏡21）、武器（刀剣類）、武具（鎧板・巴形銅器）

被葬者　邪馬壹国が倭奴国監視のために派遣した一大率（いちのおおそち）。

永初元年（107）後漢安帝に朝貢した倭面土(いまづ)国王

⑶　上町向原

所　在　標高５ｍ古代内湾の雷山川下流域（糸島市）

形　態　２世紀前半の墳形不明墓

仕　様　朱丹塗りの大型組合せ式石棺

㊟組合せ式石棺は海人宗像族の固有説

副葬品　鉄製素環頭大刀（長さ 1189 ㎜＝五尺刀）

被葬者　邪馬壹国王の代理として朝貢した倭面土国王の随行者。

海人宗像族に属する倭奴国の副官

☞副葬大刀の由来

卑弥呼女王が魏から下賜された大刀の一口とする説有り

調査の結果１世紀後半～２世紀前半の後漢製と判明

後漢安帝から倭面土国王が下賜された説が妥当

随行した海人に褒美として与えたもの

⑷　須玖岡本 D 地点

所　在　標高 36ｍ那珂川右岸丘陵地（春日市）

形　態　前２世紀以降説と２世紀後半以降説がある墳形不明墓

仕　様　甕棺　㊟明治時代に乱掘

副葬品　銅鏡（方格四星草葉文鏡・連弧文鏡５・星雲文鏡５・

重圏文鏡７・単圏文鏡・蟠螭(ばんち)鏡・双鳳文鏡）、武器（中

細型銅矛6・銅剣3・銅戈・鉄刀）、装身具（硝子勾玉・同小玉38・同管玉数不明）

特殊物　硝子璧片

被葬者　弁辰から引揚げた鉄産蘇我族の首長で奴国王に就任

☞学説の対立

遺跡状態　豊富な遺物は明治時代の乱掘により収蔵
遺物に詳細な発掘調査記録無し

遺跡判定　奴国の中心遺跡で王墓と想定

成立年代　前2世紀以降説と2世紀後半以降説の対立

論争結果　1～2世紀における倭人の朝貢に影響
志賀島出土説のある金印の読み方に影響
㊟　漢委奴国（かんのいとのくに）か漢委奴国（かんのわのなのくに）か
膨大な周辺遺跡の成立年代に影響

☞前2世紀以降説の矛盾

銅鏡副葬　連弧文鏡・星雲文鏡・双鳳文鏡（夔鳳鏡（きほう））

星雲文鏡　1世紀の楽浪漢墓・加羅王墓に副葬
1人1枚の貴重なものだが5枚も所持
加羅の王墓は盗掘で失われた事例が多数
弁辰引揚げ前に取得していた可能性有り

双鳳文鏡　2世紀後半以降の楽浪漢墓（貞柏里24号墳）

㊟吾作銘があり内行花文鏡と１枚ずつ所持

倭国では鉄産蘇我族の首長が珍重

出土条件　同一甕棺　後漢以降の年代

異体甕棺　前漢代と後漢代のものを混交保存

検　討　被葬者は鉄産蘇我族、２世紀後葉以降説が妥当

弁辰から奴国に引揚げ王に就任

⑸　平原１号

所　在　標高 61m雷山川・瑞梅寺川の間（糸島市）

形　態　３世紀中葉の方形周溝墓（14×12m）㊟１世紀説有り

仕　様　加羅の影響を受けた土壙式木槨墓（4.5×3.5m）

㊟木棺墓説有り

副葬品　銅鏡（大型内行花文鏡４か５・内行花文鏡２・方格規矩鏡 32・四璃文鏡）、武器（素環頭大刀）、装身具（硝子勾玉３・同玉 482・同小玉 500・同管玉 30・同連玉 886・瑪瑙管玉 12）

被葬者　邪馬壹国の卑弥呼女王敗死で殉死した伊都国女王

㊟邪馬壹国と伊都国は姉妹国

⑹　那珂八幡

所　在　標高 8m那珂川・御笠川の間（福岡市）

形　態　３世紀後半の帆立貝式前方後円墳（推定 86m）

仕　様　周濠有り、周庭・葺石・埴輪無し、割竹形木棺直葬

㊟調査は２号主体のみ

副葬品　銅鏡（三角縁神獣鏡）、装身具（硬玉勾玉・碧玉管玉・硝子小玉）

土　器　土師器（高坏・器台）

特殊物　中広形銅戈鋳型

没　年　棺の方位北北東（壬癸）か南南西（丙丁）・墳墓の方位東北東（寅）、壬寅（282）

被葬者　ヤマト国に服属した在地の首長

⑺　原口

所　在　標高53m宝満川支流山口川右岸（筑紫野市）

形　態　３世紀後半の帆立貝式前方後円墳（推定81m）

仕　様　葺石有り、周濠・周庭・埴輪無し、粘土槨・割竹形木棺

副葬品　銅鏡（三角縁神獣鏡3）、武器（鉄刀・鉄斧）、装身具（管玉・丸玉）

土　器　不明

没　年　棺の方位東北東（甲乙）か西南西（戊己）・墳墓の方位南南東（巳）、乙巳（285）

被葬者　ヤマト国が派遣した首長

(8) 一貴山銚子塚

所　在　標高13m長野川河口左岸（糸島市）

形　態　４世紀後半の柄鏡形前方後円墳（推定103m）

仕　様　前方２段・後円３段築盛、葺石有り、周濠・周庭・埴輪無し、竪穴式石室・組合せ式木棺

副葬品　銅鏡（内行花文鏡・鍍金方格規矩四神鏡・三角縁神獣鏡８）、武器（素環頭大刀３・直刀３・鉄剣６等）、装身具（硬玉勾玉２・碧玉管玉33）

土　器　土師器（二重口縁壺）

没　年　棺の方位東南東（甲乙）・墳墓の方位南（午）、甲午（394）

被葬者　百済と交易交流のあった伊都国の首長

２節　対馬・壱岐・肥前・肥後

対馬（つしま）・壱岐（いき）　朝鮮半島の加羅と北部九州を結ぶ重要な湊津

肥（ひ）の国　火の当て字、律令以前の肥前・肥後の総称

肥　後　縄文時代から続く貝の道

前３世紀　肥前に物部族が進出

１世紀　肥後に物部族が進出

４世紀　前半　肥後にヤマト国が進出

出雲の田氏族一派が柳町（玉名市）に強制移住

㊟田の字の墨書土器出土

1．遺跡事例

(1) 原(はる)の辻

所　在　標高10～20m壱岐島東南の幡鉢川右岸（長崎県壱岐市）

形　態　弥生前期から継続した環濠集落（100 ha）

前4世紀　集落形成期

居住域・甕棺墓を囲む土坑墓域

前3世紀　半ば　集落確立期

環濠増加し居住域・墓域を拡大、

甕棺墓・石棺墓に細形銅剣・蜻蛉(とんぼ)玉

渡来人増加し外来系の粘土帯土器

礫石を積み重ねた船着場建設

前1世紀　第1次盛期

島全体で人口増加

集落域拡大し環濠複雑化

対外交易交流拠点施設に変貌

弩弓用三翼鏃・前漢五銖銭・楽浪土器

1世紀　　集落後退縮小期

「大津波」で交易減少し船着場解体

第2次盛期　㊟近江に邪馬壹国創立

集落域を再構築し環濠を再掘削

祭祀場・大型竪穴式建物（客殿　床48㎡）

倭人・漢人・韓人が共住　㊟加羅と共通

内行花文鏡・小型仿製鏡・銅釧・鉄矛

特定墓に殯屋（もがりや）的掘立柱建物

3世紀　　半ば　集落解体　㊟交易航路変更

⑵　唐神（からかみ）

所　在　標高 30〜90m壱岐島刈田院川右岸（長崎県壱岐市）

形　態　弥生前期から継続した環濠集落（5ha）

原の辻と一体の1世紀末葉〜2世紀の鉄器鍛冶集落

楽浪郡が邪馬壹国支援のため派遣した工人集落

遺　物　鍛冶炉6基・鞴・石製工具・棒状鉄斧（加工素材）

鉄器（簎（やす）・鮑起（あわびおこ）し・銛（もり）・釣針・鏃（やじり）・鎌・槍（やり）・鉋（がんな））

土器片に「周」の文字

鉄器鍛冶　鉄槌の代わりに石器を使用しやや進化

⑶　吉野ヶ里

所　在　標高12m筑後川支流田手川右岸

（佐賀県神埼市・吉野ヶ里町）

形　態　弥生前期から継続した集落（117 ha）

前6世紀　小集落点在（2.5 ha）

前3世紀　最古の石製鋳型（銅剣・銅矛・巴形銅器）

最古の鍛造鉄鎌

北区域　首長執務舎殿・物見櫓・中国式

宗廟祭祀殿・上位者木棺墓群

南区域　下位者甕棺墓群

1世紀　最盛期の大環濠集落（40 ha）

北内郭　司祭者の祭事域・居住域

南内郭　首長政事域・居住域

上位者居住域

北墳丘墓　上位者

南墳丘墓　下位者

西建物群　市場・邸閣・倉庫

3世紀　半ば　環濠集落解体

⑷　肥後の鉄器鍛冶工房群

形　態　1～4世紀の河川流域にある鉄器鍛冶工房群

菊池川　下前原・諏訪原・方保田東原

白川　山尻・西弥護免・池田・狩尾・池田古園

緑川　双子塚

製　品　鏃・槍鉋・小型袋状鉄斧・刀子・鋤鍬先・摘鎌

鉄　材　板状・棒状・不定形・三角形端切れ・廃棄片

☞**鉄材の入手**

学説対立　加羅から船載説と中九州産出説

加工技術　鉄鉱石細片化 ➡(低温溶融) 海綿鉄 ➡(加工) 板状・棒状化

上記の加工遺跡がみられず

結　論　三角交易による船載説が妥当

三角交易　海人が南海諸島に土器を運び貴重な貝殻と交換

貴重な貝殻を薩摩に運び加工

完成品を筑後川に運び高価な鉄資材と交換

有力な取引相手は立岩（飯塚市）の首長

㊟10 号甕棺から護法螺貝釧(ごほうらがい) 83 枚

交易主体　早期にヤマト国連合へ参加した物部族の海人

宇土半島の首長（城ノ越古墳の被葬者）

㊟ 4 世紀初頭の前方後円墳（44m）

三角縁神獣鏡出土

2．肥前の墳墓事例

① 2 世紀

山古賀 SC019　　（吉野ヶ里町）　土壙石棺墓

②３世紀前半

一本杉 ST008　（吉野ヶ里町）　前方後円形墳丘墓

赤坂　（鳥栖市）　同

③３世紀後半

吉野ヶ里 ST56　（吉野ヶ里町）　前方後方墳

３節　豊前・豊後

豊前・豊後　九州と本州・四国を結ぶ水運の要衝地

前２世紀　豊前に物部族が進出

九州北東部点在の辰砂から朱丹を生産

３世紀　後葉　ヤマト国が進出

１．遺跡事例

(1)　城野

所　在　標高８ｍ紫川右岸足立山裾野（北九州市）

形　態　前１世紀〜後３世紀半ばの集落で重留（しげどめ）・重住（しげずみ）と一体性

関門海峡・周防灘に面した水運の要衝地

㊟『魏志倭人伝』の不弥国（うみのくに）（海国）

近江邪馬台国連合の加入国

建　物　竪穴式 40 棟超・掘立式 10 棟超

玉　作　工房２カ所　㊟『魏志倭人伝』の多模（たま）（玉）は役人

原　石　北陸の翡翠・山陰の碧玉・地元の水晶

墳　墓　弥生終末期の方形周溝墓（23×16.5m）

子供２人を埋葬した朱塗り組合せ式石棺２基

組合せ式石棺は海人宗像族

子供とはいえ国の司祭者

(2)　小部（こべ）

所　在　標高10m駅館川左岸（宇佐市）

形　態　３世紀後葉〜４世紀初頭の特殊建物（２ha）

瀬戸内海と筑後川の水運を結ぶ拠点地

土　器　布留式（畿内系・吉備系）

特殊建物　大型高床式総柱掘立建物　㊟ヤマト国の屯倉

3×4間（けん）（床48㎡）

(3)　小迫辻原（おざこつじはる）

所　在　標高123m筑後川支流花月川右岸（日田市）

形　態　３世紀後葉〜４世紀初頭の周溝付特殊建物

瀬戸内海と筑後川の水運を結ぶ拠点地

土　器　布留式（畿内系・吉備系）

特殊建物　１号　一辺47mの正方形周溝

大型高床式総柱掘立建物 ㊟ヤマト国の屯倉

2×3間以上（床80㎡以上）

2号　36×37mの方形周溝

大型高床式総柱掘立建物2 ㊟ヤマト国の屯倉

2×3間（床80㎡）

3号　一辺20mの正方形周溝

高床式掘立建物　㊟屯倉管理者の邸閣

2×3間（床24㎡）

2．豊前の墳墓事例

①2世紀

高島第2	（北九州市）	形状不明

②3世紀前半

城野	（北九州市）	方形周溝墓
山崎八ケ尻	（同　　　）	方形墳丘墓
郷谷C	（同　　　）	円形墳丘墓
川部南西1号	（宇佐市）	方形周溝墓
採銅所宮原	（香春町）	形状不明　㊅1
夫婦塚	（田川市）	方形墳丘墓　㊅1
下稗田H	（行橋市）	同
竹並A10号	（同　）	同
徳永川ノ上3号	（みやこ町）	同

同	5号	（同　）	同
同	4号	（同　）	円形墳丘墓　㊥1

③3世紀後半

赤塚	（宇佐市）	前方後円墳	㊂4
古稲荷	（同　）	方墳	

④4世紀前半

石塚山	（苅田町）	前方後円墳	㊂21

⑤4世紀後半

免ヵ平	（宇佐市）	前方後円墳

(1) 赤塚

所　在　標高31m駅館川右岸（宇佐市）

形　態　3世紀後半の帆立貝式前方後円墳（推定58m）

仕　様　周濠有り、周庭・葺石・埴輪無し、組合せ式箱形石棺直葬　㊟調査は2号主体のみ

副葬品　銅鏡（三角縁盤龍鏡・三角縁神獣鏡4）、武器（鉄刀・鉄斧）、装身具（碧玉管玉）

土　器　土師器（二重口縁壺）

没　年　棺の方位東北東（甲乙）か西南西（戊己）・墳墓の方位東北東（寅）、甲寅（294）

被葬者　湊津と小部遺跡を支配した海人宗像族の首長

⑵　石塚山

所　在　標高8m周防灘に面した台地（苅田町）

形　態　4世紀初頭九州最大の前方後円墳（推定120m）

仕　様　前方2段・後円3段築盛、葺石有り、周濠・周庭・埴輪無し、竪穴式石室　㊟江戸時代の乱掘で棺不明

副葬品　銅鏡（細線式獣帯鏡・三角縁神獣鏡7・伝三角縁神獣鏡14）、武器（素環刀等）、装身具（琥珀（こはく）勾玉・碧玉管玉）

土　器　土師器（布留式古相併行期の丹塗口縁壺）

没　年　棺の方位西北西（庚辛）か東南東（甲乙）・墳墓の方位西北西（戌）、甲戌（314）

被葬者　瀬戸内海航路の湊津を管理した海人宗像族の首長

4節　薩摩・日向

薩摩　縄文時代から続く貝の道

1世紀　物部族が進出

2世紀　後葉　物部族が呼邑国（こゆのくに）創立、市場設置・大倭（おおいち）派遣

㊟『魏志倭人伝』

1．遺跡事例

(1) 薩摩の貝加工工房

所　在　広田（南種子町）・松ノ尾（枕崎市）

形　態　3～7世紀の貝加工工房

特殊物　護法螺(ごほうら)・大蔦葉(おおつたのは)・芋(いも)・角(つの)・面夜光(めんやこう)の南海産貝殻

貝輪などの製品に加工　㊟宝貝は加工しないで船載

2．日向の墳墓事例

①2世紀後葉～3世紀前半

東平下1号　（川南町）　円形周溝墓　㊟全国的に希少

②3世紀後半

東平下2号　（川南町）　方形周溝墓

③4世紀前半

持田45号　（高鍋町）　前方後円墳

西都原1・72号　（都城市）　同

生目1号　（宮崎市）　同

④4世紀後半

川南39号　（川南町）　前方後円墳

持田1号　（高鍋町）　同

西都原90号　（都城市）　同

生目3号　（宮崎市）　同

【コラムⅣ】物部族の出自

(1) 逃亡者

燕　人　朝鮮半島北部の畑作地帯に逃亡

斉人他　朝鮮半島南部・日本列島の水田稲作地帯に逃亡
斉の田氏族　土居ヶ浜（下関市）等に渡来
長門から石見・安芸を経て出雲に

泗上（しじょう）諸侯　泗上は淮河（わいが）下流のデルタ地帯で移動に舟が必須
春秋戦国時代に敗残者の逃亡地
９小国があって概ね前６〜前３世紀前葉に滅亡
支配層が朝鮮半島・日本列島に逃亡
逃亡先で環濠集落構築

職業軍人　秦・前漢による統一で大幅な整理縮小
朝鮮半島に逃亡し武人として各地の首長に
㊟『魏志韓伝』に弁韓の首長は体が大きい
一派が加羅を経て吉武高木（福岡市）に渡来
武内族として武人を育成し倭人諸国に派遣

(2) 進出者

物部族　多業種の工人を抱える大部族集団の豪族
前４世紀山東半島から朝鮮半島西南部に進出
前３世紀日本列島に進出

先導者は海人の安曇(あずみ)族・宗像(むなかた)族

西日本各地の拠点集落に市場を設置し工房を配置

水運による広域的なネットワーク化

国を創立して連合化

前3～1世紀の弥生中期に一大勢力圏を形成

王氏族　斉の南部にあった琅琊(ろうや)郡の貴族

前107年楽浪郡設置に伴い一派が移住し実権を掌握

斉から渡来した物部族・田氏族にとって格好の相手

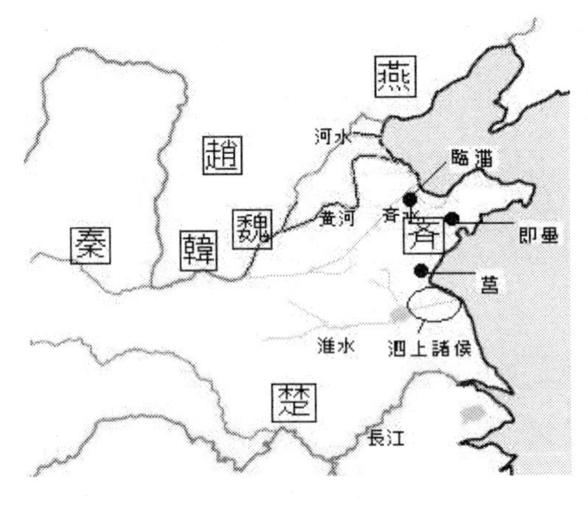

図4-1　春秋戦国時代の略図

☞ 渡来人の漢字記載

古来斉は文字と学問の国

物部族・出雲族・王氏族は硯・筆を使って漢字を記載

4世紀の書聖王羲之も琅琊郡の人

5章　中国・四国

1節　備前・備中・備後

吉備(きび)　律令以前の備前・備中・備後の総称

東西南北を結ぶ水運・陸運の要衝地

前2世紀　中葉　物部族本宗が伊都国から備中南方(みなみがた)に進出

中国戦国時代の弩弓用双翼式銅鏃(どきゅうようそうよくしきどうぞく)出土

投馬国(つしまのくに)（津島国）を創立

後葉　物部族本宗が近畿の河内(かわち)に進出

3世紀　前半　備中で墳丘墓・埴輪の築造開始

吉備・伯耆の海人宗像族が連携

物部族吉備支系と伯耆王氏族が同盟

4世紀　前半　ヤマト国が警戒監視

四道将軍の一人吉備津彦(きびつひこ)を派遣

1．備前の墳墓事例

①2世紀後半

雲山鳥打1号　（岡山市）　方形墳丘墓

②3世紀前半

みそのお墳墓群　（岡山市）　方形墳丘墓

都月坂２号　（同　）　同

③３世紀後半

浦間茶臼山　（岡山市）　前方後円墳

備前車塚　（同　）　前方後方墳　(内)1(画)1㊂11

七つグロ１号　（同　）　同　(双)1(方)1

操山 109 号　（同　）　前方後円墳

網浜茶臼山　（同　）　同

④４世紀前半

長尾山　（備前市）　前方後円墳

花小路山　（同　）　同

穴甘山王山　（岡山市）　同

⑤４世紀後半

新庄天神山　（備前市）　円墳

牛徳天神山　（岡山市）　前方後円墳

神宮寺山　（同　）　同

秦茶臼山　（同　）　同

⑴　浦間茶臼山

所　在　標高 24m 吉井川右岸（岡山市）

形　態　３世紀後葉の撥（ばち）形前方後円墳（138m）

㊟箸墓古墳の２分の１

仕　様　前方部１段・後円部３段、葺石・埴輪有り、竪穴式石

室・割竹形木棺（推定）

副葬品　銅鏡（細線式獣帯鏡）、武器（鉄剣等）、工具、装身具（玉）

土　器　埴輪（器台形・壺形・都月形）

没　年　棺の方位北北西（壬癸）・墳墓の方位東北東（寅）、壬寅（282）

被葬者　ヤマト国創立のとき人役を派遣した首長

(2) 備前車塚

所　在　標高138m百間川右岸山頂（岡山市）

形　態　３世紀後葉の前方後方墳（48m）

仕　様　周濠・周庭・埴輪無し、葺石有り、竪穴式石室・割竹形木棺

副葬品　銅鏡（内行花文鏡・画文帯同向式神獣鏡・三角縁神獣鏡11）、武器（鉄剣等）

土　器　不明

没　年　棺の方位北（壬癸）・墳墓の方位東（卯）、癸卯（283）

被葬者　前方後方形で埴輪の供献がなく、三角縁神獣鏡の枚数が多いことから、吉備の動向を監視するためヤマト国が派遣した武人（物部族尾張支系か河内本宗）

⑶　七つグロ１号

所　在　標高70m旭川右岸（岡山市）

形　態　３世紀後葉の前方後方墳（45m）

仕　様　周濠・周庭無し、葺石不明・埴輪有り、竪穴式石室・割竹形木棺

副葬品　銅鏡（双鳳文鏡・方格規矩四神鏡）、武器（鉄剣等）、装身具（碧玉管玉）、工具

土　器　埴輪（器台形・壺形・都月形・異形）

没　年　棺の方位北（壬癸）・墳墓の方位北（子）、壬子（292）

被葬者　双鳳文鏡の副葬から左遷された奴国か狗奴国の王統

２．備中の墳墓事例

①２世紀後半

立坂	（総社市）	突出部付円形墳丘墓
楯築	（倉敷市）	双方中円形墳丘墓

②３世紀前半

郷境墳墓群	（岡山市）	方形墳丘墓
鯉喰神社	（倉敷市）	同
夫婦岩	（同　　）	同
金敷裏山	（井原市）	同

殿山墳墓群	（総社市）	同
矢藤治山（やとうじやま）	（岡山市）	前方後円形墳丘墓　㊄1
宮山	（総社市）	同

③３世紀後半

中山茶臼山	（岡山市）	前方後円墳
矢部大グロ	（倉敷市）	同

④４世紀前半

尾上車山	（岡山市）	前方後円墳
展望台	（総社市）	同
秦大グロ	（同　　）	同

⑤４世紀後半

小盛山	（倉敷市）	造出付円墳
天王山	（同　　）	前方後円墳
井山	（総社市）	同

(1)　矢藤治山

所　在　標高84m足守川と笹ケ瀬川間の丘陵尾根（岡山市）

形　態　３世紀前葉の撥形前方後円形墳丘墓（36m）

㊟箸墓古墳のモデル古墳

仕　様　葺石・埴輪有り、竪穴式石室・箱形木棺

副葬品　銅鏡（方格規矩四神鏡）・工具（棺外から鉄斧）、装

身具（獣形勾玉・硝子小玉）

土　器　埴輪（矢藤治山形特殊器台・特殊壺）

特殊物　網状炭化物（棺に掛けた織布）

没　年　棺の方位北（壬癸）・墳墓の方位北北東（丑）、癸丑（233）

被葬者　埴輪を製作していた土師集団の首長

⑵　宮山

所　在　標高38m高梁川左岸（総社市）

㊟所在地名の三輪＝御輪（みわ）＝埴輪

形　態　3世紀前葉の前方後円形墳丘墓（38m）

㊟箸墓古墳のモデル古墳

仕　様　竪穴式石室・箱形木棺（赤色顔料散布）

副葬品　銅鏡（飛禽（ひきん）鏡）、武器（鉄剣等）、装身具（硝子小玉）

土　器　埴輪（宮山形特殊器台・特殊壺）

没　年　棺の方位東（甲乙）・墳墓の方位東北東（寅）、甲寅（234）

被葬者　古墳近くの宮山窯跡（弥生土器・土師器・羽口の出土）が有り、埴輪を製作していた土師集団の首長

⑶　中山茶臼山

所　在　標高140m足守川と笹ケ瀬川間山塊頂上（岡山市）

形　態　3世紀末の撥形前方後円墳（130m）

仕　様　前方2段・後方2段、周濠・周庭無し、葺石不明・埴輪有り　㊟槨・棺未調査

土　器　埴輪（器台形・都月形）

没　年　棺の方位不明・墳墓の方位北（子）、庚子（280）か壬子（292）

被葬者　宮内庁が大吉備津彦（おおきびつひこ）墓に指定

2節　出雲

玉の原石　花仙山（松江市）は種類・質量共に豊富な大産地

前3世紀　中国の斉から田氏族（出雲族）が長門に渡来
中枢勢力が安芸・石見を経て出雲に定着

前2世紀　花仙山の碧玉で玉作を行い日本海交易で繁栄
国を創立して各地と交流し青銅器祭祀を普及

前1世紀　田和山（たわやま）（松江市）で田氏族が祭祀
宗佑池（三次（みよし）市）で田氏族が四隅突出形墓
中国王朝には朝貢しない国

2世紀　東西2勢力に分裂し勢力弱体化

3世紀　青銅器祭祀から鉄剣・鉄刀祭祀に移行
四隅突出形方形墳丘墓に固執

4世紀　　前半　ヤマト国による支配階級の強制的他国移住

㊟いわゆる「出雲の国譲り」

1．玉作工房群

所　在　宍道湖の南東花仙山の周辺（松江市）

形　態　弥生中期～平安（前2～後10世紀）の玉生産地

古墳前期物部族丹後支系が主導しヤマト国が独占支配

遺　跡　宮垣・宮ノ上・玉ノ宮など多数

原　石　花仙山の碧玉・瑪瑙・水晶・滑石

装身具　勾玉・子持ち勾玉・管玉・丸玉・切子玉・臼玉・有孔円盤

2．墳墓事例

①2世紀前半

西谷（にしだに）1・2号　（出雲市）　四隅突出形長方形墳丘墓

②2世紀後半

宮山4号　（安来市）　四隅突出形長方形墳丘墓

③3世紀前半

西谷3・4号　（出雲市）　四隅突出形長方形墳丘墓

仲仙寺9・10号（安来市）　四隅突出形方形墳丘墓

④3世紀後半

西谷9号	（出雲市）	四隅突出形長方墳
安養寺1号	（安来市）	同
塩津山1号	（同　）	同

⑤4世紀前半

大成	（安来市）	長方墳	㊂1
造山（つくりやま）1号	（同　）	同	(方)2㊂1
神原（かんばら）神社	（雲南市）	同	㊂1

⑥4世紀後半

造山3号	（安来市）	長方墳

⑴　西谷3号

所　在　標高40m斐伊川下流左岸（出雲市）

形　態　3世紀前半の四隅突出型長方形墳丘墓（38×40m）

仕　様　葺石有り、周溝・埴輪無し、土坑・木槨・木棺（朱丹敷詰め）、墳丘上に埋葬施設8基と四阿（あずまや）

㊟墳丘上に建物構築は中国式

副葬品　武器（鉄剣）、装身具（紺青硝子勾玉2・碧玉管玉47・硝子小玉）

㊟紺青硝子は華南方面から船載されたものを加工

土　器　在地系　特殊器台・鼓形器台・壺・坏

外来系　山陰・北陸・吉備の供献

被葬者　出雲西部を支配した王と家族

⑵　造山１号

所　在　標高40m田頼川下流左岸荒島丘陵（安来市）

形　態　４世紀前半の長方墳（50×60m）

仕　様　片側２段築盛、周溝・埴輪無し、葺石有り、竪穴式石室・木棺

副葬品　第１室　銅鏡（方格規矩鏡・三角縁神獣鏡）
武器（鉄剣・鉄刀）、装身具（硝子管玉２）
第２室　銅鏡（方格規矩四神鏡）、武器（鉄剣・鉄刀）、工具（刀子・石製紡錘車）

土　器　土師器

特殊物　朱丹塊

被葬者　ヤマト国に服従し出雲東部を支配した首長と家族

⑶　神原神社

所　在　標高10m揖斐川支流赤川左岸（雲南市）

形　態　４世紀前半の長方墳（25×29m）

仕　様　周溝有り、葺石・埴輪無し、竪穴式石室・割竹形木棺

副葬品　銅鏡（景初３年銘三角縁神獣鏡）、武器（素環頭大刀・大刀・鉄剣等）、農工具

土　器　土師器　壺・甕・器台

特殊物　弁柄（べんがら）

被葬者　ヤマト国に服従した武人の首長

3節　伯耆・因幡

前2世紀　物部族一派が因幡（いなば）に拠点を創設

前1世紀　物部族因幡支系が近江湖北に進出

1世紀　因幡は「大津波」被災が無く交易・交流の拠点地に

中葉　辰韓斯盧（しろ）国の王氏族が伯耆（ほうき）へ進出

末葉　近江邪馬壹国創立で因幡支系が中心的役割

2世紀　初頭　王氏族が伯耆に多婆那国（たばばなのくに）を創立

後葉　王氏族が因幡へ侵攻

物部族と王氏族の戦闘で第1次倭国大乱

3世紀　前葉　王氏族と物部族吉備支系が河内進出

中葉　王氏族が邪馬壹国男王に就任し物部族と戦闘

後葉　王氏族がヤマト国に服従

1．遺跡事例

(1)　青谷上寺地（あおやかみじち）

所　在　標高6ｍ勝部川右岸（鳥取市）

形　態　前4～後3世紀後半の集落（5.5 ha）

建　物　碧玉管玉・硝子勾玉の工房

特殊建物の各種加工部材（楼観他）

楼観　1×2間（床19㎡　高さ11m）

特殊物　木製容器　多種多様

人　骨　　100体以上

殺傷人骨　100点以上

人の脳　　３人分

獣　骨　　猪・鹿・犬・狸・狐・穴熊

農工漁具　骨格釣針・青銅鏃・マタタビ蔓籠

板　絵　　倭琴に鹿・板に船団

顔　料　　緑色

☞集落の変容

前２世紀　物部族が進出し山陰の拠点集落に

１世紀　　末葉　近江邪馬台国創立に貢献

２世紀　　後葉　伯耆の多婆那国が侵攻

⑵　妻木晩田（むきばんだ）

所　在　標高90〜150m妻木川（むきがわ）左岸（米子市・大山町）

孝霊山（韓山（からやま））の山麓

形　態　１世紀半ば〜３世紀半ばの巨大集落（172 ha超）

鉄　器　鍛冶工房があって加工鉄器が豊富

鞴（ふいご）・炭を使用せず屋外で薪を焚き風力で加熱

集落の建物が火災を起こした跡

建　物　竪穴式450超・掘立510超

特殊物　舟に使った有溝石錘（せきすい）

☞巨大集落の特徴

城砦状集落　戦闘を意識し防御のため高地丘陵に構築

多婆那国の中心地域

小集落群　巨大集落の周辺に構築して鍛冶加工

支配者　辰韓斯盧（しろ）国から侵攻した王氏族

☞巨大集落の地区別形態

妻木山　王の執務殿がある政事区域

六角形中型竪穴式建物（床23㎡）

妻木新山　掘立建物の倉庫群

洞ノ原　１世紀後半～２世紀前半の墓域

２号墓（貼石方形墓）が最古

二重環濠・物見櫓（ものみやぐら）・烽火場

仙　谷　２世紀後半～３世紀初頭の墓域

３世紀後葉の墓域

松尾頭　３世紀前葉～中葉の墓域

祭祀殿のある司祭者居住区域

大型寄棟式掘立建物４×５間（床32㎡）

飛禽(ひきん)鏡・内行花文鏡の破片

松尾城　　2世紀後半最盛期の竪穴式建物群

2．墳墓事例

①2世紀

宮内1・2号　（湯梨浜町）四隅突出形方形墳丘墓

②3世紀前半

西桂見　（鳥取市）　四隅突出形方形墳丘墓

③3世紀後半

徳楽　（大山町）　四隅突出形長方墳

仙谷(せんたに)8・9号　（同　）　方形周溝墓

④4世紀前半

浅井(あざい)11号　（南部町）　前方後円墳　㊂1

普段寺1号　（同　）　同　㊂1

国分寺　（倉吉市）　前方後方墳　㊍1㊂1

⑤4世紀後半

六部山3号　（鳥取市）　前方後円墳

本高14号　（同　）　同

(1)　宮内1・2号

所　在　標高53m伯耆東部東郷池東（湯梨浜町）

形　態　2世紀の四隅突出形方形墳丘墓

特殊物　1号墓　0.94mの鉄剣・鉄刀4

　　　　　2号墓　1.07mの鉄刀・鉄刀

☞長瀬高浜（湯梨浜町）の集落

墳丘墓の母集落で多婆那国を構成する集落の一つ

長剣・長刀を海人宗像族が辰韓から舶載

短剣・短刀に加工していた集落

3世紀前葉の高床式独立棟持柱付掘立建物

（SB30　2×2間　床17㎡）

⑵　仙谷8号・9号

所　在　妻木晩田遺跡内（大山町）

形　態　3世紀後葉の周溝墓

　　　　ヤマト国に服従した多婆那国の終末期

　　　　8号　山陰では珍しい方形周溝墓に石槨棺（首長）

　　　　9号　山陰では珍しい円形周溝墓（司祭者）

⑶　浅井11号

所　在　標高60m日野川左岸中流（南部町）

形　態　4世紀初頭の前方後円墳（44m）　㊟盗掘で棺不明

仕　様　周濠・葺石・埴輪無し、竪穴式石室

副葬品　銅鏡（画文帯神獣鏡）、武器（鉄剣片）

土　器　土師器片

没　年　棺の方位推定で西（庚辛）・墳墓の方位西南西（申）
　　　　庚申（300）

被葬者　ヤマト国に服従した海人宗像族の首長

⑷　国分寺

所　在　標高40m国分寺川左岸台地（倉吉市）

形　態　4世紀前半の前方後方墳か（推定50m）

仕　様　周濠・葺石・埴輪無し、粘土槨・木棺
　　　　　㊟江戸時代に相当部分破壊

副葬品　1棺　銅鏡（双鳳文鏡・三角縁神獣鏡・二神二獣鏡）
　　　　　　　武器（鉄剣3〜4他）、農工具
　　　　2棺　武器（鉄剣等）

土　器　不明

被葬者　双鳳文鏡副葬から、ヤマト国によって左遷された奴国か狗奴国の王統

4節　讃岐・阿波

前2世紀　物部族が朱丹生産のため阿波に進出

1．阿波の朱丹生産遺跡

⑴　若杉山

所　在　標高150m前後那珂川中流右岸（阿南市）

形　態　前5世紀～後3世紀前半の辰砂採取地

⑵　加茂宮ノ前

所　在　標高70m那珂川中流右岸（阿南市）

形　態　前1世紀末～3世紀前半の朱丹精製・鉄器鍛冶の工房

建　物　竪穴式20（うち10が鉄器鍛冶工房）

遺　物　石槌・金床石・砥石・石鏃・石製紡錘車・槍鉋・刀子
　　　　硝子玉・管玉・辰砂・石杵・石臼

2．墳墓事例

積石塚　　　3世紀前半に朝鮮半島北東部の影響

前方後円形　3世紀前半に吉備の影響

墳丘と棺の方位に没年干支の反映みられず

①3世紀前半

萩原1号　　（鳴門市）　　前方後円形墳丘墓

②3世紀後半

鶴尾神社4号（高松市）　　前方後円墳

丸井　　　　（さぬき市）　同

野田院　　　（善通寺市）　同

西山谷	（鳴門市）	同	

③4世紀前半

奥3号	（さぬき市）	前方後円墳	㊂1
西山	（多度津町）	同	㊂1
宮谷	（徳島市）	同	㊂1
八人塚	（同　）	同	
前山1号	（石井町）	同	

④4世紀後半

茶臼山	（高松市）	前方後円墳
石船塚	（同　）	同
岩崎山	（さぬき市）	同
ハカリゴーロ	（坂出市）	同

【コラムⅤ】蘇我族の出自

⑴ 武内族の一派

職業軍人　コラムⅢを参照

渡来武人　同上

武内族　蘇我・羽田・巨勢・紀・平群・久米・葛城の諸氏
　㊟『記紀』

⑵ 光武帝に朝貢した弁辰の倭人

首長朝貢　『後漢書韓伝』に建武20年（44）廉斯邑の蘇馬諟
君号・鉄印を賜授し邑は願いどおり楽浪郡に所属
　㊟廉斯＝絹縑糸、蘇＝鉄、馬＝乗馬、諟＝首長
　当時の三韓は楽浪郡が植民地として支配

首長出自　『魏志韓伝』に鉄産部族は韓族・濊族・倭族
楽浪郡の植民地支配を嫌う韓族・濊族は不可
楽浪郡従属の倭族（物部族）は既に加羅で鉄産
弁辰の鉄産倭族は倭奴国系（物部族）以外の者
可能性が高いのは鉄器加工が盛んな奴国系の者
蘇馬諟は奴国が派遣した武人の蘇我族
　㊟朝貢のため中国風に姓名を修正か

朝貢目的　鉄鉱石採取に必要な鍛造鉄器の確保

楽浪郡　鍛造鉄器を扱っていたのは王氏族

自立化運動を抑え込み諸族に鉄供給の拡大を要求

鉄鉱石採取に効率の良い鍛造鉄器が必要

応じた濊（わい）族・倭族に本格的鉄器鍛冶工人を派遣

◆濊族　　　　　　　馬場里（韓国加平郡）

◆倭族（物部族）　加羅茶戸里（韓国昌原市）

倭族で後発の蘇我族は認められず目論見失敗

(3)　双鳳文鏡副葬墓

双鳳文鏡　羽吹（はぶき）の象徴として鉄産蘇我族が珍重

公孫支配下の楽浪郡から入手

副葬墓例　楽浪漢墓貞柏里 24 号（北朝鮮平壌市）

須玖岡本（すぐおかもと） D 地点（福岡県春日市）

象鼻山 1 号（岐阜県養老町）

図 5-23　双鳳文鏡（き鳳鏡）模式図

死者葬送　『魏志韓伝』に弁辰人は鳳の羽を身に着け羽ばたく

日本武尊（やまとたけるのみこと）は死後白鳥となって飛翔

㊟鳳＝白鳥

尊はヤマト国の人質で加耶（弁辰）の王子

飛鳥時代の蘇我氏も同じ作法で葬送

鍛冶炉送風の鞴（ふいご）は鳥の羽ばたきに似た羽吹（はぶき）

6章　近畿

1節　近江

1．部族集団の進出

物部族　前2世紀後葉河内本宗

前1世紀前葉丹後・因幡・尾張の支系

㊟進出しないのは吉備支系

淀川流域・琵琶湖周辺域は各種工房の集積地に

蘇我族　3世紀前葉西美濃の狗奴国から

ヤマト　3世紀後葉全国統一のとき

王氏族　4世紀前葉ヤマト国による全国統一後

2．特殊建物のある遺跡事例

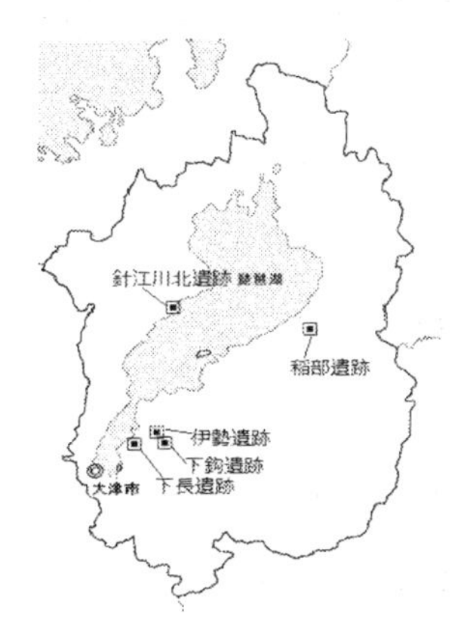

図6-1　近江の特殊建物遺跡

(1) 伊勢

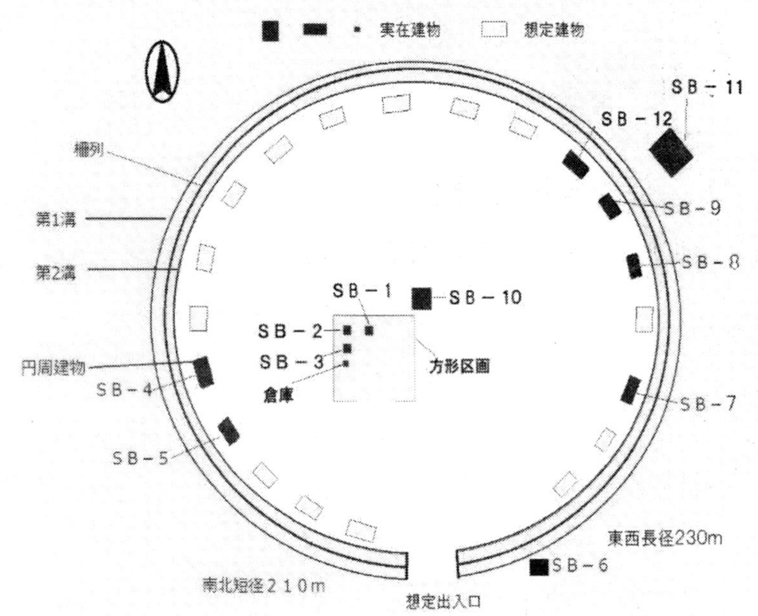

図6-2　建物配置略図（守山弥生遺跡研究会「伊勢遺跡」より作成）

①概要

所　在　標高97〜100m野洲川下流左岸（守山市・栗東市）

形　態　1世紀末〜2世紀後葉

特殊祭祀場・王宮・城柵（30 ha）

仕　様　東側に大溝（幅6.5×高さ3mの逆台形）

弧状外溝（幅3.2×高さ0.9mの台形）

円弧状外柵（高さ約3m）

南側にクランク状区画溝と旧河川

円弧状外溝（幅3.2×高さ0.9mの台形）

円弧状内溝（幅 1m×高さはごく浅い）

建　物　超大型特殊・大型特殊 10・中小型特殊 2

五角形竪穴式建物 9

特殊物　焼床・焼成煉瓦（超大型特殊建物内）

色彩土器群（五角形竪穴式建物内）

☞環濠集落説の問題点

環濠集落　津波・洪水・疫病の対策に難点

弥生後期に本州・四国では解体し分散居住

既　説　建物群を囲う構造物は防御のため

弥生中期の集落に先祖返りした珍しい事例

発掘すれば周囲に竪穴式住居が多数あるはず

遺跡実態　建物群を囲う構造物は簡易な構造

㊟水路・大溝・円弧状溝・柵

進化した弓矢の防御対策としては不十分

㊟狗奴国の攻撃に敗れた原因

一般集落にこれほどの特殊建物は必要無し

余程の権力者でなければ構築は不可能

☞遺跡の再検討

構築の意義　一国に必要な大型特殊建物の数を遥かに超過

焼床・塼（焼成煉瓦）使用の特異点

水準の高い建築技術

建物の配置　前漢の都長安にあった明堂・28宿の星座がヒント

方格規矩四神鏡（ほうかくきくしじんきょう）の刻象を参考に構築

外円は天を内方は大地を表象（コラムⅥ参照）

②祭祀場内の特殊建物

図6-3　王宮図（小谷正澄氏作成）

客　殿　高床式掘立建物（SB-1・当初）

1×2間（床27㎡）

大型高床式掘立建物（建替）

2×4間（床86㎡）

㊟正面の桁柱間数は偶数だが建物中心部に柱無し

建物中心部に座席設置可能

待機殿　大型平地式近接棟持柱付掘立建物（SB-2）

1×5間（床57㎡）

㊟男弟王の待機中外が見えない構造

祭祀殿　大型高床式近接棟持柱付掘立建物（SB-3）

1×3間（床49㎡）　㊟日常的祭祀用

奉納殿　高床式直独立棟持柱付掘立建物（倉庫）

1×2間（床17㎡）

楼　観　総柱式高層露台付掘立建物（当初）

2×2間（床18㎡）

㊟特殊祭祀用・布掘式構築

大型総柱式高層露台付掘立建物（建替）

3×3間（床81㎡）

図6-4　建替楼観図（小谷正澄氏作成）

邸　閣　大型高床式斜独立棟持柱心柱付掘立建物

（SB-4，5，7，8，9，12）

1×5間（床40〜45㎡）

㊟斜独立棟持柱付建物は奉納殿

租賦の籾米・塩・織布等奉納

図6-5　邸閣図（小谷正澄氏作成）

住　居　五角形竪穴式建物　㊟司祭王や巫人の住まい

③祭祀場外の特殊建物

執務殿　高床式屋内棟持柱付掘立建物（SB-6）

㊟屋内棟持柱付建物は非祭祀用建物で男弟王用

建替は野尻遺跡内（栗東市）

当初　1×3間（床38㎡）

建替　1×3間（床37㎡）

図6-6　執務殿図（小谷正澄氏作成）

待機殿　超大型竪穴式屋内棟持柱付掘立建物（SB-11）

13.6×13.6m（床約185㎡）

粘土焼床2層・四周壁に塼（せん）（焼成煉瓦）

㊟楽浪郡派遣工人構築・高官用

図6-7　待機殿図　（小谷正澄氏作成）

☞結　論

遺跡の意義　水路・溝・柵の内側は一般地と異なる神聖地

構築に楽浪郡が工人を派遣

漢語通訳がいた30か国の中では特別な国

国連合の中心国による祭祀施設の想定可能

王の出自　国連合を率いる司祭王

卑弥呼女王の前7、80年続いた邪馬台国の男王

㊟『魏志倭人伝』

外交・交易担当の倭奴国と同じ物部族

神武帝の前に進出した天孫族饒速日命（にぎはやひのみこと）の子孫

㊟『記紀』

☞建物柱の再利用

柱　根　柱穴に残っているものは少数

多くは抜き取って新王宮に再利用

既存河川・掘削水路を利用して柱を運搬

新王宮　伊勢遺跡に比較的近いところ

⑵　下長

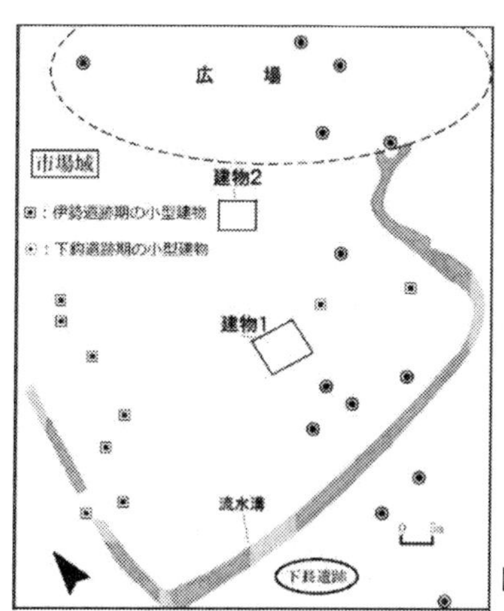

図 6 -8 建物配置略図その 1

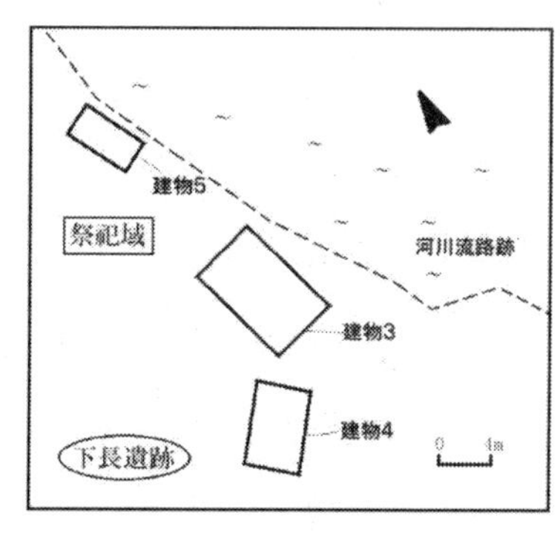

図 6 -9 建物配置略図その 2

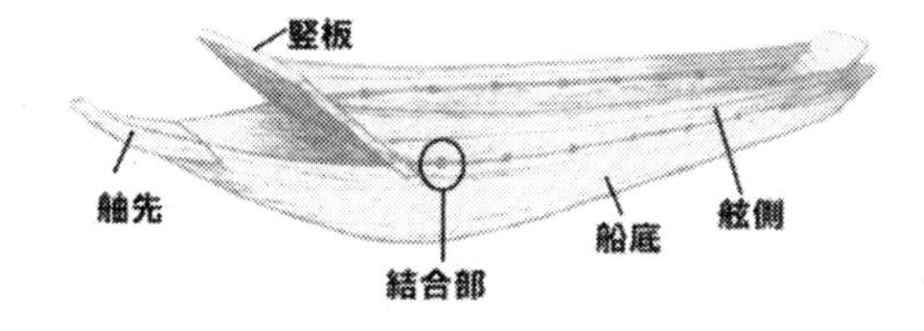

図 6 -10　準構造船復原図

（守山弥生遺跡研究会「野洲川下流の弥生遺跡」より引用）

①概要

所　在　標高 95m新守山川左岸（守山市）

形　態　1世紀末～3世紀中葉の川湊・市場・住居・倉庫・祭祀域・墓域のある集落（20 ha）

☞**琵琶湖水運の拠点地**

川の上流に位置する伊勢・下鈎にとって最も重要な集落

建物規模からみて首長の地位は国の王に匹敵

『魏志倭人伝』にある邪馬壹国の伊支馬（いくめ）（伊貢米）と推定

㊟伊支馬は租賦徴収長官

☞**市場の所在**

図6-8の市場域を儀礼空間・水祀りの場とみるのは疑問

飛鳥時代の例からみて市場とみるのが妥当

大勢人が集まるので飲料水・用便・雨天の対策

河川や排水溝に接続する場所に広場

簡易堀立建物・高床式堀立建物（下長では10数棟）

建屋付井戸か樋管を引いた水槽を設置

市場監理者である大倭（おおいち）（大市）の邸閣・住居を敷設

②特殊建物

邸　閣　高床式斜独立棟持柱付掘立建物（建物1）

当初　1×3 間（床 38 ㎡）

建替　2×3 間（床 24 ㎡）

㊟当初は男王、建替は卑弥呼女王

図 6 -11　邸閣（建物 2）図　（大上直樹氏作成）

祭祀殿　高床式直独立棟持柱付掘立建物（建物２）

当初　1×3 間（床 40 ㎡）㊟大型建物

建替　2×3 間（床 20 ㎡）

㊟当初は男王、建替は卑弥呼後漢代

図 6 -12　祭祀殿図（大上直樹氏作成）

高床式直独立棟持柱心柱付掘立建物

1×3 間（床 20 ㎡）　㊟卑弥呼魏代に再度建替

奉納殿　高床式掘立建物（祭祀殿付帯　建物３）

1×3 間（床 13 ㎡）　㊟卑弥呼魏代に新設

☞木材加工・建物構築の進化

基礎埋込　布掘（ぬのぼり）式

木材加工　斧や楔（くさび）を使って丸太を割り槍鉋（やりがんな）で表面を削平

工房加工　祭祀具・威儀具・装飾具・農具・工具

先進地　因幡（物部族）　◆青谷上寺地（あおやかみじち）（鳥取市）

(3) 下鈎（しもまがり）

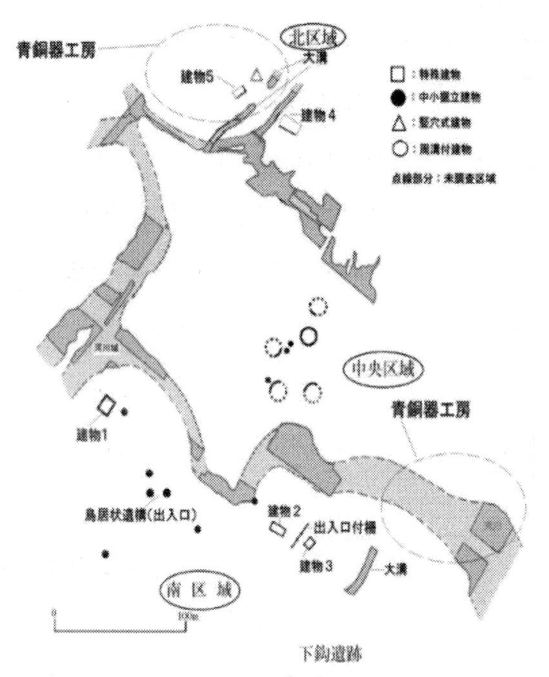

図6-13 建物配置略図（守山弥生遺跡研究会「野洲川下流域の弥生遺跡」より作成）

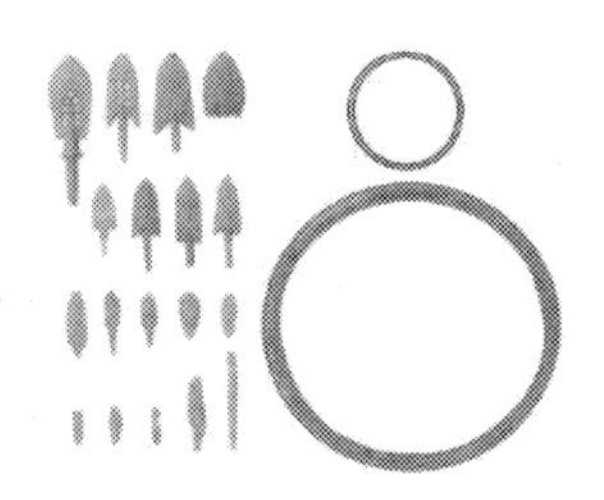

図6-14 多孔銅鏃と銅環権（守山弥生遺跡研究会「野洲川下流域の弥生遺跡」より引用）

①概要

所　在　標高98～99m葉山川右岸（栗東市）

形　態　前1～後3世紀半ば

集落・工房・特殊祭祀場・王宮・城柵（20 ha）

特殊建物　北区域2・南区域3

土　器　各地の外来系多数

②北区域

所　在　遺跡北西の河川と大溝で囲われた内側

形　態　2世紀後葉～3世紀半ば伊勢遺跡に次ぐ時代の建物

西側の調査区域外に建物がもっとあると想定

祭祀殿　大型高層式直独立棟持柱露台付建物（建物4）

不明×4間（推定床40 ㎡）

㊟王宮付帯建物・柱穴一部流失

高床式直独立棟持柱付掘立建物（建物5）

不明×3間（推定床10 ㎡）

㊟工房付帯建物・柱穴一部流失

竪穴式建物（青銅器鋳造工房）

土　器　赤彩（残穴柱下・祭祀用）・手焙形他

鉄　器　鏃・刀子

特殊物　倭琴（1.58m長）・銅残滓（竪穴式建物内）

③中央区域

形　態　2世紀後葉～3世紀半ば伊勢遺跡に次ぐ時代の建物

建　物　周溝付竪穴式の一部

㊟大半が調査区域外で不明、王・巫人の日常生活用か

④南区域の青銅器鋳造工房

所　在　東側の河川跡

形　態　１世紀末葉～２世紀後葉伊勢遺跡の時代の工房

建　物　竪穴式建物・祭祀殿　㊟柱穴流失し不明

特殊物　銅残滓・粘土板製鋳型片・銅塊・銅湯玉・小銅鐸

多孔銅鏃・銅鏃未製品・銅環権（どうかんごん）・前漢鏡破片

㊟河川跡から打ち捨てられた状態で出土

「大洪水」で被災か

多孔銅鏃　獲物の豊穣祈願祭祀用

銅環権　　計りの分銅（楽浪郡派遣工人所有）

加羅茶戸里（韓国昌原市）でも出土

⑤南区域の特殊建物

図６-15　南区域の特殊建物群図（小谷正澄氏作成）

所　在　河川跡の南側

形　態　２世紀後葉～３世紀半ば伊勢遺跡に次ぐ時代の王宮

門　柱　鳥居状構築物　主柱２×側柱２（柱間 4m）

㊟推定で外側に男弟王執務殿

客　殿　大型高床式直独立棟持柱付掘立建物（建物１）

２×５間（床 48 ㎡）

㊟桧の残欠柱根の下に水晶２（玉作の原石）

祭祀殿　大型高層式直独立棟持柱縁側付掘立建物（建物２）

２×４間（床 40 ㎡）

㊟楼観風建物だが正方位不採用

待機殿　平地式近接棟持柱付掘立建物（建物３）

１間×不明（推定で床 30 ㎡）

㊟男弟王待機中祭祀場内が見えない構造

☞客殿残欠柱根の年輪年代測定

客殿（建物１）の１本（直径 0.37m 長さ 0.8m）

伊勢遺跡の柱より小型で質素

西暦 69 年プラスαの測定結果

測定値をそのまま採用すれば伊勢遺跡とほぼ同年代

ただし 1.2 ㎞の近距離に別国の客殿はあり得ず

☞柱の再利用

伊勢遺跡の大型建物の柱は径 0.5m 超、深さ 1.2～1.4m

下鈎遺跡の柱は径 0.37m 超、深さ 0.8m 程度

再利用時に切削して使用したもの

切削分のプラス α は 20 年前後に相当

木材伐採年は西暦 88 年頃

☞柱の利用年代

伊勢遺跡で利用	97、8～164 年
第 1 次倭国大乱で放置	165～182 年
下鈎遺跡で再利用	183～248 年

☞南北の祭祀殿

伊勢遺跡の祭祀見直し

後漢皇帝の二至二郊（にしにこう）の祀りに準じた祭祀

冬至に南郊、夏至に北郊で行う祀り

南祭祀殿　冬至～夏至間に使用する特殊祭祀殿

冬至の日祀り・春の播種祀り

北祭祀殿　夏至～冬至間に使用する特殊祭祀殿

夏至の水祀り・秋の収穫祀り

☞王の出自

客殿柱根下の水晶原石は地鎮祭で埋納したもの

王宮居住主が玉作族出身の卑弥呼女王である可能性が大

⑷ 針江川北

①概要

所　在　標高87m針江川下流右岸（高島市）

形　態　第１区は３世紀前半、第２区は３世紀後半～４世紀

　　　　屯倉・邸閣のある有力首長の居処

建　物　特殊建物８・竪穴式建物６

土　器　甕・壺・高坏・鉢・器台

木　器　各種多数

②第１区の特殊建物

客　殿　高床式掘立建物（SB１）

　　　　　1×3間（床16㎡）

祭祀殿　高床式近接棟持柱付掘立建物（SB2）

　　　　　1×3間（床11㎡）

邸　閣　高床式斜独立棟持柱付掘立建物（SB3）

　　　　　1×3間（床20㎡）

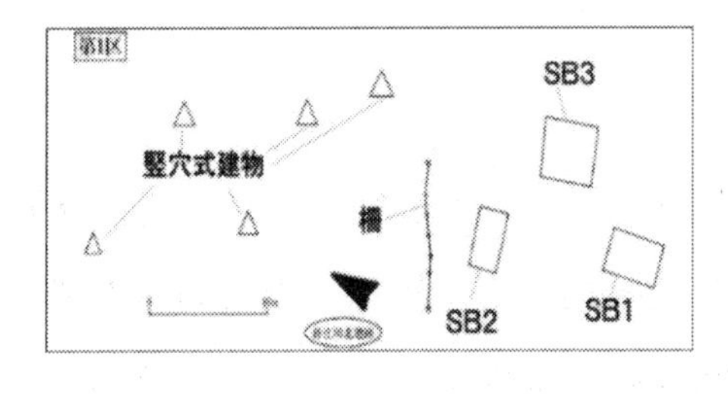

図6-16　建物配置略図

（滋賀県教育委員会資料より作成）

③第２区の特殊建物

客　殿　長方形角柱使用高床式掘立建物（SB7）

1×3間（床22㎡）

執務殿　高床式近接棟持柱露台付掘立建物（SB8）

1×1間（床13㎡）　㊟首長用

祭祀殿　高床式近接棟持柱付掘立建物（SB9）

1×2間（床18㎡）

屯　倉　円柱使用大型高床式総柱掘立建物（SB10）

3×5間（床82㎡）

邸　閣　高床式掘立建物（SB11）

1×3間（床20㎡）

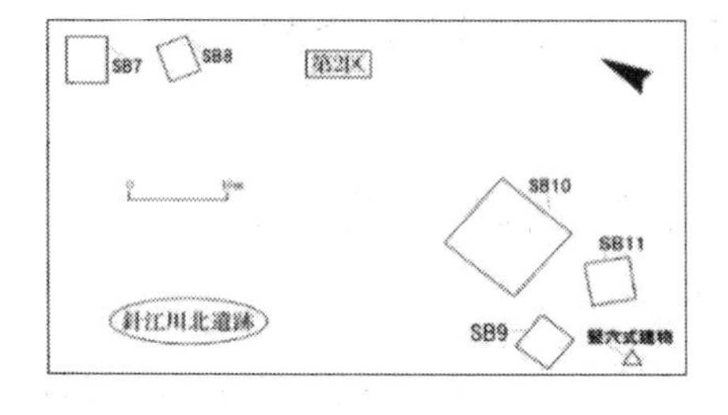

図6-17　建物配置略図

（滋賀県教育委員会資料より作成）

☞首長の出自

第１区　卑弥呼女王が死去した３世紀中葉に建物廃絶

女王と関係の深い物部族丹後支系の司祭者

首長は物部族丹後支系（熊野本（くまのもと）６号墳の被葬者）

第2区　4世紀前葉に設置したヤマト国の屯倉

若狭湾で盛んだった製塩に対応

首長は王氏族（和邇大塚山古墳の被葬者）

⑸　稲部

①概要

所　在　標高90m宇曽川下流左岸（彦根市）

形　態　2～4世紀の祭祀場・王宮・市場・工房（20 ha）

建　物　特殊建物7・鉄器鍛冶工房23等180超

土　器　在地系　壺・甕・高坏・鉢・手焙形・器台

外来系　加羅・大和・伯耆・越前・近江湖南・伊勢

美濃・尾張・三河・遠江・駿河

特殊物　鉄塊6kg・鉄片・桃の実

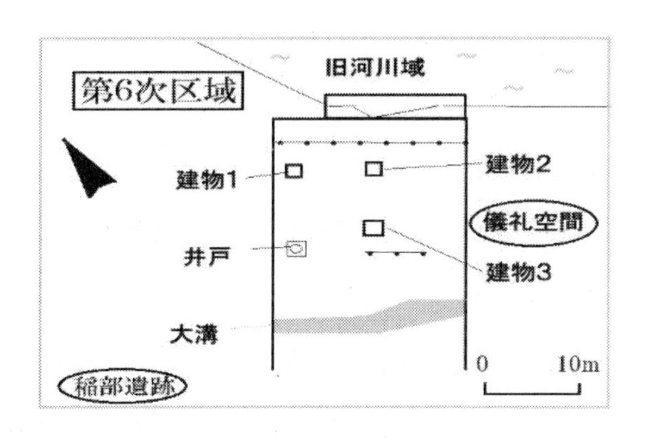

図6-18　建物配置略図その1（彦根市教育委員会資料より作成）

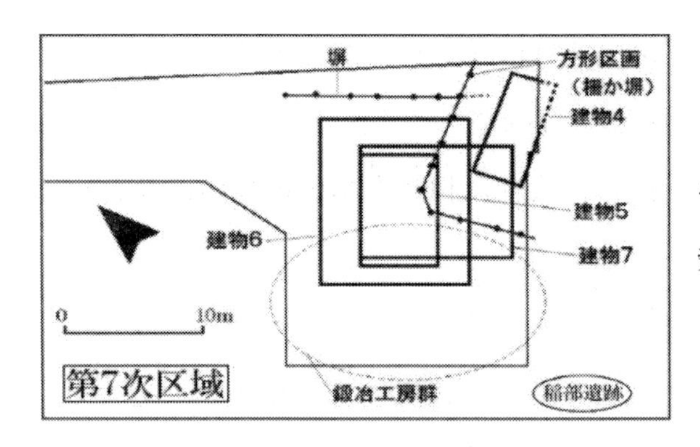

図6-19　建物配置略図その2（彦根市教育委員会資料より作成）

☞祭祀に桃を使用

通説は邪気の打払い

桃は親木が枯れると地下の古い種が発芽

温暖な気候の復活祈願に使用したもの

②集落の変容

2世紀　集落誕生期（北端区域のみ）

竪穴式建物・鍛冶工房・多角形建物

3世紀　初頭　集落形成期（北端区域のみ）

祭祀殿・井戸・金属器工房・周溝付建物

前葉　集落発展期

王宮・鉄器鍛冶工房群・市場・邸閣を設置

㊟彦根市教委資料では市場が儀礼空間に

流水溝・簡易掘立建物群・広場は市場域

中葉　集落転換期

王宮・市場を維持

邸閣の建替（方形区画を壊し大型特殊建物）

鉄器鍛冶工房群廃絶

後葉　集落最盛期（連合王権確立期）

王宮・市場を維持

邸閣を廃止し大蔵設置（超大型特殊建物）

㊟大蔵は大蔵省の語源

貢物や下賜品を収納する超大型保管倉庫

末葉　集落縮小期（ヤマト国服属期）

王宮維持・市場の廃止・大溝設置

大蔵廃止・屯倉設置（超大型特殊建物）

③特殊建物

執務殿　男弟王用高床式掘立建物（建物１）

1×2間（床24㎡）　㊟建替２回

客　殿　高床式掘立建物（建物２）

2×2間（床31㎡）　㊟建替２回

祭祀殿　大型高床式直独立棟持柱付掘立建物（建物３）

1×2間（床51㎡）　㊟建替２回

邸　閣　大型高床式直独立棟持柱付掘立建物（建物４）

1×3間（床43㎡）　㊟当初建物

大型高床式直独立棟持柱付掘立建物(建物5）

1×5間（床63㎡）㊟建替建物

大　蔵　超大型高床式総柱掘立建物（建物6）

推定2×5間（床188㎡）

屯　倉　超大型高床式総柱掘立建物　（建物7）

推定2×4間（床145㎡）

☞鉄器鍛冶工人の蘇我族戦士

2世紀　中葉　朝鮮半島の弁辰から舟木（淡路市）へ移住

3世紀　前葉　淡路　➡　西美濃　➡　近江湖東に侵攻

鉄器鍛冶加工の傍ら邪馬壹国を攻撃

☞王の出自

爵位賜授　景元元年（260）魏元帝が倭の男女に同爵位賜授

㊟『梁書（りょうしょ）』・『通典（つてん）』

狗奴国の卑弥弓呼男王と邪馬壹国の壱與女王

二人の待遇は外藩王ではなく外藩侯

建物規模　客殿　床31㎡　近江邪馬壹国の下鈎　床48㎡

大和邪馬壹国の纏向　床25㎡

邸閣　床63㎡　建替前　床43㎡

大蔵　床188㎡　大和邪馬壹国の纏向　床238㎡

王宮の主　狗奴国の卑弥弓呼男王

邪馬壹国を倒すため近江に侵攻し背水の陣を構築

大蔵廃止　屯倉に建替　床 188 ㎡→145 ㎡

3世紀後葉ヤマト国に服従したとき

☞狗奴国の歴代男王

初代　美濃観音寺山古墳　　筑前奴国が送り込んだ王

2代　美濃象鼻山（ぞうびさん）1号墳　　卑弥弓呼男王

3代　大和西殿塚（にしとのづか）古墳　　ヤマト国に服属した王

4代　近江安土瓢箪山（あづちひょうたんやま）古墳　　武埴安彦（たけはにやすひこ）王

3．墳墓事例

弥生後期　前半　方形周溝墓

後半　突出部付方形周溝墓

終末　突出部付円形周溝墓

前方後方形周溝墓

高位者ほどより標高の高い丘陵地に築造

㊟湖北地域は物部族諸系の進出があって形状は複雑

①2世紀後半

綣（へそ）　（栗東市）　突出部付方形周溝墓

②3世紀前半

五村	（長浜市）	突出部付円形周溝墓	
鴨田	（同　）	同	
法勝寺	（米原市）	前方後方形周溝墓	
熊野本	（高島市）	前方後方形墳丘墓	
神郷亀塚（じんごうかめづか）	（東近江市）	同	
八王子山頂	（守山市）	突出部付円形墳丘墓	

③3世紀後半

小松山頂	（長浜市）	前方後方形墳丘墓	(内)1(方)1
益須寺	（同　）	突出部付方形墳	
横江	（同　）	同	
経田	（同　）	前方後方墳	
高野	（栗東市）	突出部付方形墳	
浅小井高木	（近江八幡市）	前方後方墳	
冨波	（野洲市）	同	
西円寺	（米原市）	円墳	

④4世紀前半

姫塚	（長浜市）	前方後方墳	
西野山	（同　）	前方後円墳	
古冨波山（ことばやま）	（野洲市）	円墳	㊂1
雪野山	（東近江市外）	前方後円墳	(内)1(画)1㊂2

安土瓢箪山（近江八幡市）同　　　　　㉃1

⑤4世紀後半

皇子山　　　（大津市）　　前方後方墳

和邇（わに）大塚山（同　）　　前方後円墳

荒神山　　　（彦根市）　　同

(1) 神郷亀塚

所　在　標高97m湖東の愛知川左岸（東近江市）

形　態　3世紀前半の前方後方形墳丘墓（36m）

仕　様　2段築盛、周濠・周庭有り、葺石・埴輪無し、木槨・木棺

副葬品　無し

土　器　弥生後期後葉〜庄内式期古段階が多数

没　年　棺の方位北（壬癸）・墳墓の方位北（子）、壬子（232）

被葬者　蚕を分け与え蚕糸を紡がせ倭錦の織り方を指導した渡来加羅人

☞異例の古墳

築造形態　平地に単独で構築

盗掘破壊がみられないのに副葬品無し

破砕土器　多量にあって盛大な葬儀を挙行

首長のような権力者ではないが民人から尊敬

被葬者　近くにある乎加（おか）神社の主祭神は豊遠迦比売命（とよおかひめのみこと）
五穀蚕麻の種を民人に分け与えた神
実在した渡来人の神格化

⑵　八王子山頂

所　在　標高350～380m湖西の丘陵（大津市）

形　態　３世紀中葉の突出部付円形墳丘墓と推定

仕　様　全長は約250m、円形部は直径約150m

没　年　棺の方位不明・墳墓の方位東南東（辰）、戊辰（248年）

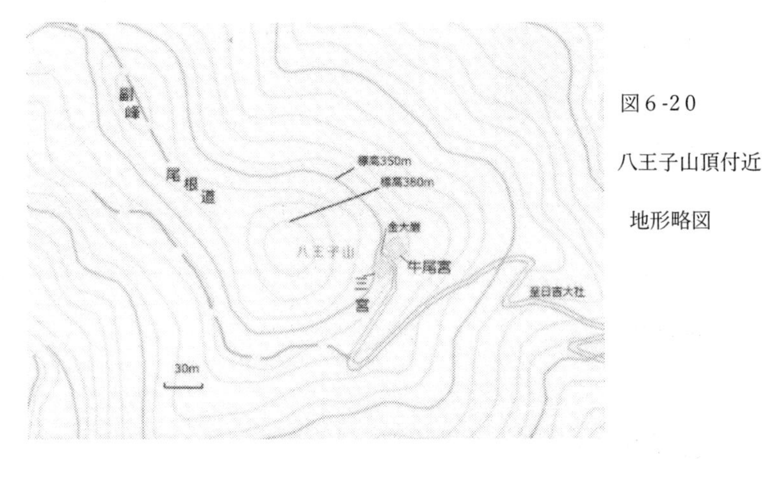

図6-20
八王子山頂付近
地形略図

☞類似事例

３世紀中葉～４世紀前半の近江・美濃の首長
太陽に近づくため丘陵地頂上に構築

◆近江　熊野本（150m）・小松山頂（240m）

雪野山（304m）

◆美濃　観音寺山（155m）・象鼻山１号（142m）

図6-21

八王子山頂

☞卑弥呼女王

物部族に属し部族の守護神は饒速日命（にぎはやひのみこと）

命は太陽神奉斎神で近江三上山に鎮座

命は敗戦で天之御影命（あめのみかげのみこと）となり幽宮御神（みかみ）神社に鎮座

卑弥呼女王は命に仕える巫女なので敗戦で自死と推定

☞妥当性の検討

三上山背後から昇る太陽を西方から臨める丘陵地

親魏倭王として他の誰よりも高い所

比叡山東麓の八王子山頂（380m）は最適地

円形部は『魏志倭人伝』の記述とほぼ合致（直径 150m）

相当の人を動員し山頂一帯を整形した跡

頂上部に墳丘墓貼石とみられる石が散乱

殉葬者は山頂突出部や山麓に埋葬か

推定で天智帝のとき改装し大和の箸墓古墳に合葬

⑶ 小松山頂

所　在　標高190〜240mの湖北丘陵（長浜市）

鍛冶・玉作の工房があった地域

３〜６世紀の古保利古墳群（172基）に所属

形　態　３世紀中葉の前方後方墳（60m）

仕　様　2段築盛、葺石・埴輪無し、木棺直葬

副葬品　銅鏡（内行花文鏡・方格規矩四神鏡）、道具（鉄刀子・鉄鐇（やす））　㊟玉・刀剣が無いのは古墳破壊によるものか

土　器　庄内式近江系土器（壺・高坏・手焙形）

特殊物　朱丹

没　年　棺の方位不明・墳墓の方位北（子）・丙子（256）

被葬者　銅鏡や土器から物部族系とみられ、大和で朱丹生産に関わった山陰の因幡支系の王と推定

㊟前方後方墳だから狗奴国系とは言えない。

⑷ 西野山

所　在　古保利古墳群（172基）に所属（長浜市）

形　態　３世紀末葉〜4世紀初頭の前方後円墳（70m）

㊟調査は測量のみ

仕　様　２～３段築盛、葺石有り・埴輪無し

副葬品　不明

土　器　不明

没　年　棺の方位不明・墳墓の方位北北西（亥）、辛亥（291）

被葬者　小松山頂に続く王で墳形が前方後円形に変化し、ヤマト国に服属

(5) 古冨波山

所　在　標高95～100m湖南の平地と丘陵地（野洲市）
大岩山古墳群（首長古墳８基）に所属

形　態　４世紀前半の円墳（26～30m）　㊟調査は削平後

仕　様　明治時代の開墾で墳丘削平し不明

副葬品　銅鏡（黒塚古墳出土鏡と同范の三角縁神獣鏡３）

土　器　不明

被葬者　飛鳥時代この地域の首長であった安(やす)国造の祖先説が妥当

(6) 雪野山

所　在　標高304m湖東にある雪野山頂上（東近江市他）

形　態　４世紀前半の前方後円墳（70m）

仕　様　前方１段・後方２段築盛、周濠・周庭・埴輪無し、葺石有り、弁柄(べんがら)塗竪穴式石室・高野槙(こうやまき)割竹形木棺

副葬品　銅鏡（内行花文鏡・画文帯環状乳神獣鏡・三角縁神獣鏡２・三角縁盤龍鏡）、武器（鉄剣等）、石器（琴柱形石・鍬形石）、農工漁具

土　器　土師器（二重口縁壺・東海系壺・布留式甕）

没　年　棺の方位北（壬癸）・墳墓の方位南南西（未）、癸未（323）

被葬者　物部族尾張支系の王で、市場・各種工房のあった能登川水系の石田、愛知川水系の中沢斗西（東近江市）の支配者

(7) 安土瓢箪山（あづちひょうたんやま）

所　在　標高100m湖東の丘陵（近江八幡市）

形　態　４世紀前半の前方後円墳（134m）

㊟４世紀の近江で最も大きい古墳

仕　様　段築・葺石無し、埴輪有り、後円部に竪穴式石室３・高野槇割竹形木棺（主体）、前方部に箱式石棺２

㊟特異な埋葬形式で家族が同時期に死去か

副葬品　銅鏡（双鳳文鏡・二神龍虎鏡）、武器（刀剣等）、銅器（弁韓由来の玉仗握り部分）、農工具、石器（形石・車輪石・石釧）、装身具（管玉）

土　器　埴輪（円筒・形象）・底部穿孔壺

没　年　棺の方位北北東（壬癸）・墳墓の方位東南東（辰）、壬辰（332）

被葬者　双鳳文鏡副葬から、卑弥弓呼男王の孫の代に当たる蘇我族の狗奴国王統で、崇神紀10年条にある反乱者の武埴安彦王(たけはにやすひこ)

☞**反乱の原因**

湊津の変更　交易・交流を大和主導に変更する計画

河内の難波津(なにわづ)　➡　和泉の住吉津(すみのへのつ)

大和川を整備し4世紀後葉に実現

奈良盆地西南部・南河内・和泉を開発

難波津に頼る近江の衰退は必死

人事の冷遇　蘇我族を辺境地に左遷

2節　大和・紀伊

1．弥生時代の奈良盆地

⑴　奈良盆地の特徴

地　勢　干ばつが起き易い土地柄

大和の水田面積は近江の約半分（平安中期和名抄）

邪馬壹国の7万戸を賄うことは不可能

玉　作　古墳時代から開始

弥生時代に交易・交流の中心国としては不可能

(2)　大和・紀伊の弥生中期

前2世紀　物部族が紀伊堅田（御坊市）に進出

朱丹生産に必要な青銅器工具鋳造のため

前1世紀　物部族が大和の唐古・鍵（田原本町）に進出

朱丹生産に必要な青銅器工具鋳造のため

1世紀　初頭　「大洪水」で唐古・鍵が被災

一町（橿原市）・大福・脇本（桜井市）に分散

(3)　大和における外来系土器の変化

前4世紀	東海	＞	瀬戸内	＞	近江
前3世紀	東海	＞	近江	＞	瀬戸内
前2世紀	東海	＞	近江	＞	瀬戸内
前1世紀	瀬戸内	＞	近江	＞	東海
1世紀	近江	＞	東海	＞	瀬戸内
2世紀	東海	＞	近江	＞	その他
3世紀	東海	＞	その他	＞	近江

㊟桑原久男氏による弥生遺跡出土の分析調査より

東海・近江・瀬戸内が常に上位

物部族が創立した近江邪馬台国との関係が濃密

2．遺跡事例

(1) 纏向（まきむく）

①概要

所　在　標高70〜100m奈良盆地東南部（桜井市）
烏田（からすだ）川と巻向（まきむく）川に挟まれた扇状地（3ha）

形　態　2世紀末葉〜4世紀中葉の祭祀場・王宮・古墳群
都市的様相集落　㊟2世紀末葉・都市的様相に異論
近江との関連からみれば3世紀半ば以降

特殊建物　辻地区5

土　器　在地系　庄内3式・布留式0式・同1式・同2式
㊟布留0式に異論
庄内式・布留式は併行期の可能性大
外来系　西瀬戸内・吉備・山陰・播磨・阿波・河内・
近江・北陸・東海・関東

特殊物　桃の実

古墳群　大型古墳を短期間に多数築造
奈良盆地の住民だけで実施することは不可能

実　態　中央豪族による権力集中が事業を可能に
中央豪族の中心は海人宗像族
地方豪族に纏向構築の人役負担を強制

②辻地区の特殊建物

執務殿　大型高床式掘立建物（建物１）㊟男弟王用
3×推定５間（推定床 50 ㎡）

客　殿　高床式近接棟持柱付掘立建物（建物２）
１×3 間（床 25 ㎡）

祭祀殿　大型高床式直独立棟持柱付掘立建物（建物３）
1×3 間（床 42 ㎡）

大　蔵　超大型高床式総柱掘立建物（建物４）
推定 4×4 間（推定床 238 ㎡）

祭祀殿　高床式近接棟持柱付掘立建物（建物５）
1×3 間（床 23 ㎡）　㊟王宮解体後の建物

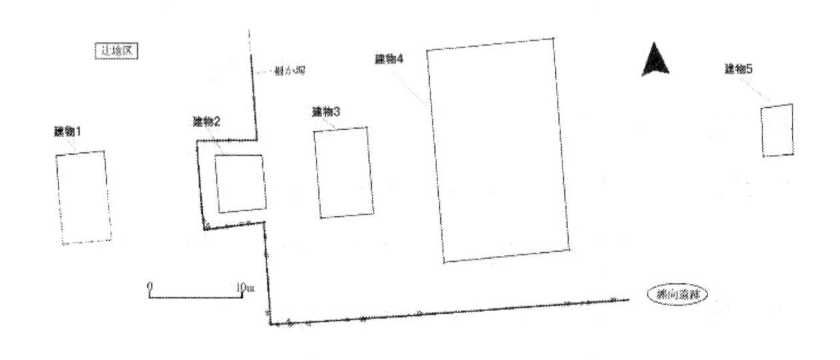

図６-22　建物配置略図（桜井市教育委員会資料より作成）

特異点　祭祀に桃を使用し王宮と大蔵一体化

卑弥弓呼男王宮のある近江稲部と同じ仕様

㊟魏元帝が卑弥弓呼と壱與に同爵位を賜授した以降

それ以前の王宮は未発見

近江の伊勢・下鈎にあった男弟王の待機殿廃止

執務殿が客殿の２倍の大きさに

㊟司祭王の権威が低下し男弟王のそれが上昇

伊都国から外交・交易を取り込み権力の強化

⑵ 布留（ふる）

所　在　標高70～100m大和川支流布留川中流（天理市）

物部族本宗の拠点集落（４ha）

形　態　３世紀半ば以降集落規模拡大

土　器　在地系　３世紀後半の布留式

外来系　３世紀後半の加羅式

☞ヤマト国創立に関わる重要遺跡

３世紀中葉物部族・宗像族は大和に結集

帯方郡が本格的鉄器鍛冶工人を派遣

加羅から土師器制作工人を招請

遺跡調査地域はごく一部で全容は不明

布留（ふる）は邑（むら）・集落を意味する朝鮮半島系の言語

⑶ 菟田野（うだの）

所　在　標高400〜500m木津川上流芳野川沿い（宇陀市）

形　態　２〜３世紀辰砂採掘の小集落点在

土　器　近江・東海・山陰の外来系

特殊物　朱丹生産用の石臼・石杵）

墳丘墓　方形台状墓・方形墳丘墓（諸国から進出）

3．墳墓事例

規　模	3世紀　後半	王墓	250〜270m級
		男弟王墓	120m級
		大夫墓	100m級
		地方王墓	80m級
	4世紀	大王墓	300m級
		男弟王墓	200m級
		大夫墓	180m級
		地方王墓	140m級

①2世紀後半

別所裏山　（天理市）　方形墳丘墓

黒石10号　（広陵町）　突出部付方形墳丘墓

②3世紀前半

キトラ	（宇陀市）	方形墳丘墓	
十六面薬王寺	（田原本町）	円形周溝墓	
太田	（当麻町）	突出部付方形周溝墓	
瀬田	（橿原市）	突出部付円形周溝墓	

③3世紀後半

纒向古墳群	（桜井市）	前方後円形墳丘墓他	
＊ホケノ山		前方後楕円形墳丘墓	(内)1(画)3
＊箸墓		前方後円墳	
大王山	（宇陀市）	方形墳丘墓	
能峠南山	（同　　）	同	
平尾東	（同　　）	同	
見田大沢	（同　　）	同	
蓮華山	（同　　）	方形台状慕	
住川	（五條市）	突出部付方形墳丘墓	
西殿塚	（天理市）	前方後円墳	

④4世紀前半

メスリ山	（桜井市）	前方後円墳(内)(方)(三)	(注)枚数不明
渋谷向山	（同　　）	前方後円墳	
桜井茶臼山	（同　　）	同	(内)3(方)1(画)1(三)26
黒塚	（天理市）	同	(画)1(画)33

⑤４世紀後半

行燈山（あんどんやま）　（天理市）　前方後円墳

東大寺山　（同　）　同

宝来山　（奈良市）　同

島の山　（川西町）　同

(1)　纒向墳墓群

①メクリ１号

形　態　３世紀後半の前方後方形墳丘墓（28m）

仕　様　葺石・埴輪無し、周濠有り　㊟埋葬施設削平済み

土　器　庄内３式〜布留０式（周濠から出土）

没　年　棺の方位不明・墳墓の方位北（子）、丙子（255）か戊子（268）

被葬者　出身が近江か東海の首長

②石塚

形　態　３世紀中葉の帆立貝式前方後楕円形墳丘墓（94m）
㊟３世紀初頭説有り

仕　様　前方１段・後楕円３段築盛、周濠有り、葺石・埴輪無し　㊟埋葬施設削平により未確認

土　器　布留０式（盛土・周濠から出土）

木　器　鶏形・弧文円板・農具　㊟周濠から出土

没　年　棺の方位不明・墳墓の方位西北西（戌）、甲戌（254）か丙戌（266）

被葬者　大和邪馬壹国の大夫

③勝山

形　態　３世紀中葉の長柄鏡式前方後円形墳丘墓（115m）

仕　様　周濠有り、葺石・埴輪無し　㊟埋葬施設削平済み

土　器　庄内３式〜布留０式（周濠から出土）

特殊物　鉄鍛冶炉の羽口（周濠から出土）

㊟帯方郡派遣工人による新技術

没　年　棺の方位不明・墳墓の方位西南西（申）、壬申（252）か甲申（264）　㊟後者の可能性大

被葬者　大和邪馬壹国の男弟王

④矢塚

形　態　３世紀中葉の短柄鏡式前方後円形墳丘墓（93m超）

仕　様　周濠・葺石・埴輪無し　　㊟埋葬施設未調査

土　器　庄内３式（導水溝・周濠から出土）

没　年　棺の方位不明・墳墓の方位東北東（寅）、戊寅（258）か庚寅（270）

被葬者　大和邪馬壹国の大夫

⑤東田大塚

形　態　3世紀中葉の撥形前方後円形墳丘墓（約120m）

仕　様　周濠有り、葺石・埴輪無し

土　器　布留0式（周濠から出土）、西部瀬戸内系甕棺・東海系甕棺蓋（周濠外側から出土）

没　年　棺の方位不明・墳墓の方位東北東（寅）、戊寅（258）か庚寅（270）㊟前者の可能性大

被葬者　大和邪馬壹国の男弟王

⑥ホケノ山

形　態　3世紀中葉の帆立貝式前方後楕円形墳丘墓（約80m）
㊟4世紀前葉説有り

仕　様　前方1段・後楕円3段、周濠・葺石有り、埴輪無し、竪穴式石槨・高野槙割竹形木棺

副葬品　銅鏡（内行花文鏡・画文帯環状乳神獣鏡2・画文帯同向式神獣鏡）、武器（素環頭大刀・鉄剣等）、農工具

土　器　庄内式壺（東瀬戸内系大型・東海系中型・加飾・東海系二重口縁）、布留0式鉢（小型丸底）

没　年　棺の方位北北東（壬癸）か南南西（丙丁）・墳墓の方位北北西（亥）、丁亥（267）

被葬者　旦波型墳丘墓に多地方の壺が奉納された皇孫系で、崇

神大王の父とされる開化帝説が妥当。ただし、規模からすると地方王墓級

☞副葬品の神獣鏡

2世紀後葉〜3世紀前葉の中国四川省で製作された呉鏡説

遼東の公孫が卑弥呼女王に下賜したとの説

期間は短いが呉国・遼東間に商人の往来有り

⑦箸墓（はしはか）

形　態　3世紀後半の撥（ばち）形前方後円墳（278m）

㊟宮内庁指定は倭迹迹日百襲姫命（やまとととひももそひめのみこと）墓

仕　様　前方5段・後方4段築盛、周濠・葺石・埴輪有り

㊟埋葬施設未確認

土　器　埴輪（周濠から器台形・宮山形・都月形）、壺（周濠から特殊・二重口縁）

没　年　棺の方位不明・墳墓の方位東北東（寅）、庚寅（270）

被葬者　大和邪馬壹国の壱與女王。ただし、近江遷都を強行した天智帝が、近江邪馬壹国卑弥呼女王の八王子山頂墓を改葬し、この古墳に合葬したものと推定

⑵　西殿塚

所　在　標高140m龍王山山麓（天理市）

形　態　3世紀後葉の前方後円墳（234m）

㊟宮内庁指定は手白香媛（たしらかひめ）（継体帝皇后）陵

仕　様　後円　東側３段・西側４段築盛（中央部に棺）

前方　東側１段・西側２段築盛（中央部に棺）

葺石無し、埴輪有り

土　器　埴輪（特殊器台形・特殊壺形・円筒・楕円筒）

没　年　棺の方位不明・墳墓の方位北（子）、庚子（280）か壬子（292）　㊟後者の可能性大

被葬者　前方部　王に仕えた司祭者

後円部　狗奴国卑弥弓呼男王の後継王と推定

☞狗奴国王の服従

ヤマト建国に大きな混乱がなく短期間で統一軌道に

魏・西晋の外藩侯国であった狗奴国が抵抗した形跡無し

崇神大王とほぼ同世代の３代目男王の時代

外交・交易担当の奴国が没落し西晋への朝貢が不可能に

権限譲受と蘇我族の反発抑え込みのため大和に古墳築造

(3)　メスリ山

所　在　標高95m大和川上流寺川左岸（桜井市）

形　態　４世紀初頭の長柄鏡形前方後円墳（250m）

仕　様　前方２段・後円３段築盛、葺石・巨大円筒埴輪の方形列有り、竪穴式石室（副室付）

㊟大半が破壊され木棺不明

副葬品　銅鏡（内行花文鏡・三角縁神獣鏡等の破片）、武器（長柄式鉄矛 212 本等膨大な鉄刀剣等）、石器（玉仗・腕輪）、農工具、装身具（ヒスイ勾玉・碧玉管玉）

土　器　埴輪（器台形・朝顔形・巨大円筒）

没　年　棺の方位北北東（壬癸）か南南西（丙丁）・墳墓の方位東（卯）、癸卯（283）か丁卯（307）

㊟後者の可能性大

被葬者　古墳の規模・形状・副葬品から皇孫系武人の男弟王とみられ、北陸に派遣された四道将軍の一人安倍大彦説が妥当。

☞安倍族の光と陰

出　自　海人宗像族の出自で元は加羅の潜水漁師

倭奴国・伊都国の副官柄渠觚（へぎこ）　㊟剥子（へぎこ）＝潜水漁師

弥生後期の宗像族は物部族と王氏族の双方に所属

㊟双方に本家争い有り

安倍族の始祖は物部族丹後支系の大彦命（おおひこのみこと）

北陸・東北にある越王（こしおう）神社の祭神

北陸を拠点とし崇神（すじん）王朝のとき累代男弟王

大和川の水運を支配

分　裂　4世紀後葉安倍族は日本海交易復活派と反対派対立

4世紀末葉崇神王朝が断絶し応神王朝が成立

㊟陵墓不認定の要因

復活派は越後・出羽に逃亡し蝦夷（えみし）に

阿倍比羅夫の祖先である反対派は北陸に残留

天智帝　阿倍比羅夫に百済救援軍派遣の準備訓練を指示

津軽半島方面への北方遠征を2回実施

遠征先に逃亡した同族の蝦夷（えみし）が居り小競り合い

蝦　夷　出羽から陸奥に進出し勢力拡大

北上川流域の舟師磐井族・馬飼い照井族と同盟

8～11世紀ヤマト朝廷に不服従

最後の戦いが11世紀中葉の「前9年の役」

兄安倍貞任（あべのさだとう）は斬首、弟宗任（むねとう）は伊予に島流し

伊予で村上水軍と交流し宗像大島へ再度島流し

⑷　渋谷向山

所　在　標高100m吉野川上流左岸（天理市）

形　態　4世紀後半説のある前方後円墳（300m）

仕　様　前方3段・後円4段築盛　㊟未発掘の簡易調査

副葬品　銅鏡（波文帯神獣鏡）、石器（碧玉製石枕）

㊟出土詳細不明

土　器　円筒埴輪（普通・鰭付・朝顔形）、形象埴輪（蓋型・盾形）

没　年　棺の方位不明・墳墓の方位東北東（寅）、丙寅（306）か戊寅（318）　㊟後者の可能性大

被葬者　宮内庁指定は景行帝陵だが崇神帝陵説が妥当

⑸　桜井茶臼山

所　在　標高100m大和川上流左岸（桜井市）

形　態　4世紀初頭説のある長柄鏡形前方後円墳（207m）

仕　様　前方2段・後円3段築盛（後円部空堀に宗像社）、葺石・有孔二重口縁壺の柵列、朱丹散布の竪穴式石室・割竹形木棺

副葬品　銅鏡（内行花文鏡3・方格規矩四神鏡・画文帯環状乳神獣鏡・正始元年銘鏡を含む三角縁神獣鏡26・斜縁二神二獣鏡・獣帯鏡・平縁神獣鏡・他69鏡）、石器（玉杖・玉葉・腕輪等）、武器（鉄刀剣等）、工具

㊟銅鏡は国内最多

没　年　棺の方位北（壬癸）・墳墓の方位（午）、壬午（322）

被葬者　古墳の規模・形状・副葬品からみて皇孫系武人の男弟王。伊勢・大和の朱丹生産を支配し、安倍大彦の子で東海に派遣された四道将軍の一人武渟川別（たけぬかわのわけ）説が妥当

⑹ 黒塚

所　在　標高87m大和川支流鳥居川右岸（天理市）

形　態　4世紀前半の前方後円墳（128m）

仕　様　前方2段・後円3段築盛、葺石・埴輪無し、竪穴式石室・高野槙割竹形木棺

副葬品　銅鏡（画文帯神獣鏡・三角縁神獣鏡33）、武器（鉄剣他）

特殊物　U字形鉄器　㊟大夫の冠帽（かんぼう）の骨

土　器　土師器

没　年　棺の方位北（壬癸）・墳墓の方位東（卯）、癸卯（343）

被葬者　古墳規模は皇孫の下クラス。大夫の一人であった物部十千根（とちね）

⑺ 行燈山（あんどんやま）

所　在　標高100m吉野川上流右岸（天理市）

形　態　4世紀前半説のある前方後円墳（242m）

仕　様　前方3段・後円3段築盛　㊟一部簡易発掘調査

副葬品　銅板（内行花文鏡類似紋様・田の字形紋様）
　㊟出土詳細不明

土　器　円筒埴輪・土師器・須恵器

没　年　棺の方位不明・墳墓の方位東南東（辰）、丙辰（356）

か戊辰（368）　㊟前者の可能性大

被葬者　宮内庁指定は崇神帝陵だが垂仁帝陵説が妥当

⑻　宝来山

所　在　標高77m佐保川支流秋篠川右岸（奈良市）

形　態　４世紀後半説のある前方後円墳（227m超）

仕　様　前方３段・後円３段築盛、周濠・葺石・埴輪有り、竪穴式石室・長持形石棺　㊟江戸時代の盗掘資料有り

土　器　円筒埴輪・形象埴輪（盾形・家形・靫形（ゆぎがた）・他）

没　年　棺の方位不明・墳墓の方位北北西（亥）、丙亥（386）か戊亥（398）　㊟前者の可能性大

被葬者　宮内庁指定は垂仁帝陵だが景行帝陵説が妥当

⑼　東大寺山

所　在　標高130m菩提仙川と高瀬川の間（天理市）

形　態　４世紀後半の前方後円墳（140m）

仕　様　葺石・埴輪あり、粘土槨・木棺

副葬品　武器（大刀16・鉄剣16・鉄槍10・鉄鏃70・銅鏃261・巴形銅器７他）、石器（鍬形石25・車輪石18・石釧２他）、装身具（勾玉７・管玉49他）、皮革（短甲・草摺）

土　器　埴輪（朝顔形円筒・靫形・甲冑形）

没　年　棺の方位北（壬癸）か南（丙丁）・墳墓の方位南（午）
壬午（382）

被葬者　４世紀後葉忍熊（おしくま）皇子の反乱を鎮圧し、応神王朝創立に貢献した難波根子武振熊（なにわのねこたけふるくま）

☞**金象嵌花形環頭大刀（きんぞうがんはながたかんとうだいとう）の副葬**

金象嵌　後漢霊帝の中平（184〜189年）紀年銘
長さ110㎝の大刀に24文字の刻字

185年　近江邪馬台国の卑弥呼女王が朝貢で下賜

248年　勝戦で狗奴国卑弥弓呼男王が取得

275年　狗奴国の服従によりヤマト国が取得
ヤマト国が王氏族に下賜
武振熊の先祖は伯耆多婆那国の王氏族

⑽　島の山

所　在　標高48m飛鳥川と寺川の間（川西町）

形　態　４世紀末葉説のある前方後円墳（200m超）
㊟後円部破壊により主体埋葬施設不明

仕　様　造り出し・周濠・葺石・埴輪列有り、前方部に竪穴式石室・粘土槨・木棺

副葬品　棺外　滑石勾玉・臼玉・管玉・石製玉杖
棺内　銅鏡３・碧玉合子・大型管玉・竪櫛・首飾

棺上　鍬形石 21・車輪石 80・石釧 32、鉄小刀 5
㊟全て前方部で出土

土　器　埴輪（朝顔形円筒・家形・盾形・靫形）

没　年　棺の方位不明・墳墓の方位北北西（亥）、丁亥（387）か己亥（399）　㊟前者の可能性大

被葬者　後円部が破壊され詳細は不明だが、規模・形状からみて皇孫系武人。加賀の石器加工と大和川の水運を支配した安倍族の男弟王で、武渟川別の子である豊韓別（とよからのわけ）説が妥当

3節　山城

通　運　水運　淀川・巨椋池・桂川・宇治川・木津川・瀬田川・琵琶湖
陸運　奈良盆地・南山城・北山城・旦波（たにわ）

南山城　辰砂の産地

前2世紀　物部族が進出

1．遺跡事例

(1) 中海道

所　在　標高 21m淀川支流桂川右岸（向日市）

形　態　３世紀後葉の周溝付大型特殊建物　㊟中葉説有り

特殊建物　周溝付大型高床式総柱掘立４×４間（床 69 ㎡）

市教委の説明では祭祀殿又は居館

㊟類事例と比較すればヤマト国の屯倉

邸閣・祭祀殿・居館は別にあると推定

特殊物　鉄の鍛造剥片・砥石

㊟首長は舶載の鉄器を加工する鉄器鍛冶師

2．墳墓事例

①３世紀前半

芝ヶ原 12　（城陽市）　前方後方形墳丘墓

砂原山　（木津川市）　円形墳丘墓

②４世紀前半

五塚原（いつかはら）　（向日市）　前方後円墳

椿井大塚山（つばい）　（木津川市）前方後円墳 ㊅2�方1㊗画1㊂32

平尾城山　（同　）同

③４世紀後半

元稲荷　（向日市）　前方後方墳

寺戸大塚　（同　）　前方後円墳 ㊟方1㊂2

八幡東車塚　（八幡市）　同

飯岡車塚　　（京田辺市）同

(1) 五塚原

所　在　標高70m小畑川左岸（向日市）

形　態　4世紀前葉の撥(ばちがた)形前方後円墳（91m）

㊟3世紀後半説有り

仕　様　前方2段・後円3段、葺石有り・埴輪無し、竪穴式石室　㊟棺未調査

副葬品　不明

土　器　不明

没　年　棺の方位東（甲乙）・墳墓の方位北（子）、甲子（304）

被葬者　ヤマト国の要請に応じ人役を派遣した首長

(2) 椿井大塚山

所　在　標高約90m木津川中流右岸（木津川市）

形　態　4世紀前葉の撥形前方後円墳（175m）

仕　様　周濠・葺石・埴輪無し、竪穴式石室・高野槙割竹形木棺

副葬品　銅鏡（内行花文鏡2・方格規矩四神鏡・画文帯環乳神獣鏡・三角縁神獣鏡32・破片銅鏡）、武器（鉄剣等）・農工漁具

土　器　不明

特殊物　10kg超の朱丹

没　年　棺の方位北（壬癸）・墳墓の方位西（酉）、癸酉（313）

被葬者　銅鏡多数副葬から皇孫系とみられ、奈良盆地と旦波（たにわ）を結ぶ地なので四道将軍の一人丹波道主王（たんばのみちうし）説が妥当

⑶　元稲荷

所　在　標高28m桂川支流小畑川左岸（向日市）

形　態　４世紀中葉の前方後方墳（94m）㊟３世紀後半説有り

仕　様　前方２段・後方３段、葺石・埴輪有り、竪穴式石室・割竹形木棺

副葬品　武器（鉄剣等）・工具

土　器　埴輪（器台形・特殊器台形・都月形・壺形）、壺（讃岐系二重口縁）

没　年　棺の方位北（壬癸）・墳墓の方位北（子）、壬子（352）

被葬者　讃岐から進出した鉄器鍛冶工人の首長

⑷　寺戸大塚

所　在　標高80m桂川支流小畑川左岸（向日市）

形　態　４世紀中葉の前方後円墳（95m）

仕　様　前方２段・後円３段、葺石・埴輪有り、竪穴式石室・後円部と前方部に割竹形木棺

副葬品　後円部　銅鏡（三角縁神獣鏡）、石器（石釧・合子）装身具（管玉）

前方部　銅鏡（方格規矩四神鏡・椿井大塚山と同范の三角縁神獣鏡・浮彫式獣帯鏡）、石器（玉仗）、武器（鉄剣等）、工具、装身具（管玉）

土　器　土師器（壺・高坏）、埴輪合子

没　年　棺の方位北（壬癸）・墳墓の方位北北西（亥）、癸亥（363）

被葬者　後円棺は司祭者。前方棺は北山城の武人王

4節　但馬・丹波・丹後

旦　波（たにわ）　律令以前の但馬（たじま）・丹波・丹後の総称

但　馬　碧玉の産地（豊岡市玉谷）

前2世紀　物部族の進出

辰韓から丹後に玉作指導者を招請

近畿・北陸・佐渡等で管玉・小玉の製作を指導

丹後出身　卑弥呼女王・壱與女王・崇神帝

1．墳墓事例

前方後楕円墳　丹後・丹波に多い

頭飾枠に使用した長楕円形鉄器の形を表象

王であることの表象

①前１世紀後半～１世紀前半

奈具丘	（京丹後市）	貼石方形墓	
日吉ヶ丘	（同　　）	同	

②２世紀

帯城Ａ・Ｂ	（京丹後市）	方形台状墓	
浅後谷南	（同　　）	同	
金谷１号	（同　　）	同	
赤坂今井	（同　　）	同	
西谷３・４号	（与謝野町）	同	
大風呂南１号	（同　　）	方形墳丘墓	
内場山 SX10	（丹波篠山市）	同	
妙薬寺	（豊岡市）	方形台状墓	
立石	（同　）	同	

③３世紀前半

内和田５号	（与謝野町）	方形台状墓	
白米山北	（同　　）	楕円形墳丘墓	
太田南２号	（京丹後市）	長方墳	㊂1

④３世紀後半

太田南５号	（京丹後市）	長方墳	㊍1
園部黒田	（南丹市）	前方後楕円墳	

⑤4世紀前半

小見塚	（豊岡市）	方形台状墓か	㊂2
森尾	（同　）	同	㊂2
城ノ山	（朝来市）	円墳	㊂3
温江丸山	（与謝野町）	円墳か楕円墳	㊂1
白米山1号	（同　）	前方後円墳	
親王塚	（丹波市）	円墳	㊂1

⑥4世紀後半

垣内	（南丹市）	前方後円墳	㊂2
神明山	（京丹後市）	同	
湧田山1号	（同　）	前方後楕円墳	
蛭子山1号	（与謝野町）	同	

(1)　赤坂今井

所　在　標高50m竹野（たかの）川支流福田川右岸（京丹後市）

形　態　2世紀後半の方形台状墓（36×39m）

仕　様　周庭・柱列有り、墓上に拳大石礫と棺6、墓裾に棺19

第1主体埋葬槨（14×10.5m）　㊟未調査

第4主体埋葬槨（7×4.2m）割竹形木棺　㊟調査済み

土　器　在地系　庄内式古段階

外来系　山陰・北陸・摂津・関東他

副葬品　装身具（頭飾・耳飾・漢青色硝子勾玉・碧玉管玉・硝子管玉 182 超）、武器（鉄剣等）

㊟漢青色硝子は華南方面から舶載

土　器　甕・壺・器台

特殊物　墓外に石杵 1

没　年　墳墓の方位に干支の応用はみられず推定不能

被葬者　玉作工房を有し広範囲の王と交易交流のあった辰韓系の王妃

☞**翡翠勾玉**（ひすいまがたま）

朝鮮の王墓・豪族墓に多数副葬

日本の古墳に副葬された総数の 3 倍以上との説有り

(2)　太田南 5 号

所　在　標高 80m高野川左岸（京丹後市）

形　態　3 世紀後半の長方墳（12×19m）

仕　様　組合せ式石棺　㊟海人宗像族系

副葬品　銅鏡（摂津安満宮山（せっつあまみややま）古墳と同范の青龍 3 年銘方格規矩四神鏡）、武器（鉄刀）

㊟銅鏡は卑弥呼女王が魏から下賜されたもの

土　器　土師器（壺・鼓形器台・高坏等）

特殊物　舶載の朱丹

没　年　墳墓に方位を意識した干支の応用はみられず推定不能

被葬者　景初２年（238）邪馬壹国が魏に派遣した海人宗像族系通訳の副使都市牛利（つしのうしと）

⑶　園部黒田

所　在　標高56m大堰川流域（南丹市）

形　態　３世紀後葉の撥形前方後楕円墳（52m）

仕　様　前方１段・後楕円１段、葺石・埴輪無し、石礫槨・高野槙割竹形木棺

副葬品　銅鏡（双頭龍文鏡）、武器（鉄鏃）、装身具（管玉）

特殊物　長楕円形鉄器（頭飾りの枠）

土　器　土師器（庄内式新段階の壺・高坏・器台）

没　年　棺の方位北北東（壬癸）・墳墓の方位北北東（丑）、癸丑（293）

被葬者　ヤマト国の要請に応じ人役を派遣した首長

５節　河内・摂津・和泉

前２世紀　後葉　物部族本宗が吉備から河内に進出

前１世紀　前葉　この地域の国が前漢昭帝に朝貢（９章参照）

　　　　　　後葉　摂津東奈良（茨木市）で青銅器鋳造開始

1．弥生時代の河内

水　運　瀬戸内海に直結する河内潟・淀川

　　　　　畿内の表玄関口ともいえる要衝地

土　器　前1世紀　紀伊系　堅田に青銅器鋳造工房

　　　　　　　　　近江系　加羅と交易・交流活発

　　　　　1世紀　　吉備系　「大津波」被災地に移住者増加

　　　　　2世紀　　近江系　邪馬台国が連合の中心国

　　　　　3世紀　　吉備系　ヤマト国創立に参加

　　　　　　　　　東海系　同上

　　　　　　　　　山陰系　同上

㊟桑原久男氏による「河内の外来系土器調査」から推定

☞大和系土器

弥生後期までは少ない

大和川水系の湊津・河川が未整備のため

住吉津（すみのえのつ）（墨江津）設置は古墳前期の4世紀後葉以降

2．河内の遺跡事例

(1)　崇禅寺

所　在　大阪湾に面する河内潟の砂州（大阪市）

形　態　3世紀前葉の小規模集落

土　器　外来系　吉備・山陰

特殊物　長刀の柄　㊟近畿では希少物

☞進出部族の推定

周辺遺跡　同心町・森小路（大阪市）・高宮八丁（寝屋川市）
「大津波」で壊滅し集落が無くなった地域

進出時期　近江の稲部に淡路の舟木から鉄器鍛冶工人が侵攻

進出目的　奴国・狗奴国連合に対抗するため

吉　備　朱丹と埴輪の生産を得意とする物部族吉備支系
備中吉備津に海人族の宗形神社（岡山市）

山　陰　鍛造刃物加工に優れた伯耆の王氏族
伯耆日吉津に海人族の宗形神社（米子市）

3．摂津の墳墓事例

①3世紀前半

天王山4号	（神戸市）	方形周溝墓
服部2号他	（豊中市）	円形周溝墓
豊島北1号他	（同　　）	同
魚崎中町 SX 1	（神戸市）	同
川除 SX 1 他	（三田市）	同
成法寺 SX 1	（八尾市）	同

鷹塚山　（枚方市）　同

服部1号　（豊中市）　突出部付円形周溝墓

ドンバ1号　（枚方市）　同

久宝寺南1号　（八尾市）　前方後方形周溝墓

②3世紀後半

加美14号　（大阪市）　前方後方形周溝墓

安満宮山（あまみややま）　（高槻市）　長方墳　(方)1㊂2

西求女塚（にしもとめづか）　（神戸市）　前方後方墳　(画)2㊂7

③4世紀前半

ヘボソ塚　（神戸市）　前方後円墳　(双)1(画)1㊂2

処女塚　（同　）　前方後方墳

④4世紀後半

阿保親王塚　（芦屋市）　円墳　㊂2

東求女塚　（神戸市）　前方後円墳　㊂4

(1)　天満宮山

所　在　標高125m淀川右岸尾根状（高槻市）

形　態　3世紀後半の長方墳（18×21m）

仕　様　周濠・葺石・埴輪無し、割竹形木棺直葬

副葬品　銅鏡（青龍3年銘方格規矩四神鏡・三角縁神獣鏡2
獣帯鏡2）、鉄器、装身具（硝子小玉）

土　器　不明

没　年　墳墓に方位を意識した干支の応用はみられず推定不能

被葬者　景初2年（238）卑弥呼女王が魏へ派遣した正使難升米『魏志倭人伝』にある邪馬壹国次官の弥馬升（水間人）とみられ、九州の筑後川などで活躍していた磐井族に属する舟運の首長

⑵　西求女塚

所　在　標高7m大阪湾に面した海岸（神戸市）

形　態　3世紀後半の前方後方墳（98m）

仕　様　葺石有り・埴輪無し、竪穴式石室（阿波か紀伊の石材）割竹形木棺

副葬品　銅鏡（画文帯環状乳神獣鏡2・三角縁神獣鏡7・獣帯鏡2・神人龍虎鏡）、武器（鉄剣等）、農工漁具（碧玉紡錘車等）

土　器　因幡系土師器・布留式甕

没　年　棺の方位南南東（丙丁）・墳墓の方位西南西（申）、丙申（276）

被葬者　3世紀中葉に因幡の青谷上寺地から移住した海人宗像族の首長

⑶　ヘボソ塚

所　在　標高25m住吉川左岸（神戸市）

形　態　４世紀前半の前方後円墳（64m）　＊墳丘削平

仕　様　前方２段・後円２段、葺石有り・埴輪無し、竪穴式石室・割竹形木棺

副葬品　銅鏡（双鳳文鏡・画文帯環状乳神獣鏡・三角縁神獣鏡２・斜縁神獣鏡・獣帯鏡）、石器（石釧）、装身具（琥珀(こはく)勾玉等）

土　器　土師器　㊟須恵器説有り

被葬者　双鳳文鏡副葬から、蘇我族の者でヤマト国に貢献した首長

6節　播磨・淡路

播　磨　前２世紀　水運の要衝地（瀬戸内海・市川・加古川）
　　　　　　　　物部族が進出

淡　路　１世紀　中葉　筑前奴国が鉄産蘇我族を送込み
　　　　２世紀　同　　同上

1．播磨の墳墓事例

①３世紀後半

吉島(よしま)　（たつの市）　前方後円墳　㈹1㋭1㊂4

龍子三つ塚２号　（同　　）　円墳

丁瓢塚　（姫路市）　前方後円墳

②４世紀前半

権現山51号　（たつの市）　前方後方墳　㊂5

龍子三つ塚１号　（同　　）　前方後方墳

岡ノ山　（西脇市）　前方後円墳

③４世紀後半

輿塚　（たつの市）　前方後円墳

伊和中山１号　（宍粟（しそう）市）　同

(1)　吉島古墳

所　在　標高250m揖保川中流右岸（たつの市）

形　態　３世紀後半の前方後円墳（30m）

㊟３世紀前半説有り、明治時代に乱掘

仕　様　周濠・周庭・葺石・埴輪無し、竪穴式石室・朱丹塗割竹形木棺

副葬品　銅鏡（内行花文鏡・方格規矩四神鏡・伝三角縁神獣鏡４・盤龍座獣帯鏡）、装身具（硝子小玉）

土　器　土師器

没　年　乱掘により棺の方位不明・墳墓の方位南南東（巳）、甲辰（284）か丙辰（296）

被葬者　瀬戸内海航路の重要な寄湊地である御津（みつ）を統治した海人宗像族の首長

(2)　権現山 51 号

所　在　標高 138m 揖保川下流右岸（たつの市）

形　態　4 世紀初頭の前方後方墳（48m）　㊟明治時代に乱掘

仕　様　周濠・周庭無し、葺石・埴輪有り、竪穴式石室・高野槙割竹形木棺

副葬品　銅鏡（三角縁神獣鏡 5）、武器（鉄剣等）、工具、木器、装身具（硝子小玉・貝腕輪）

土　器　土師器壺・埴輪（器台形・壺形・都月形）

没　年　墳墓の方位西北西（戌）、棺の方位北北東（壬癸）壬戌（302）

被葬者　吉島古墳に続く海人宗像族の司祭者

2．淡路の遺跡事例

(1)　五斗長垣内（ごっさかいと）

所　在　標高 200m 淡路島北部の山稜地（淡路市）

形　態　1 世紀中葉～2 世紀中葉の鉄器鍛冶工房集落（5 ha）

建　物　竪穴式 23・うち 12 が鉄器鍛冶工房

特殊物　石槌・金床石（かなどこいし）・砥石・鉄斧・鉄鏃・鉄片

鉄器鍛冶　羽口の出土無し　㊟鞴（ふいご）未使用の原初的鉄器鍛冶

進出工人　筑前奴国が送り込んだ弁辰の鉄産蘇我族

進出目的　第1次倭国大乱に乗じて邪馬壹国を攻撃するため

対岸の河内に侵攻し物部族の戦士に敗退

㊟『記紀』の神武帝東征失敗譚の原話

⑵　舟木

所　在　標高150m淡路島北部の山稜地（淡路市）

形　態　2世紀中葉～3世紀初頭の鉄器鍛冶工房集落（40 ha）

㊟調査継続中、五斗長垣内を上回る住居数

建　物　竪穴式（方形・円形）の中に鉄器鍛冶工房

土　器　祭祀用・飯蛸壺（いいだこ）・製塩・甕・壺・鉢等

特殊物　石槌・金床石・砥石・鉄斧・鉄鏃・鉄片・後漢鏡片

鉄器鍛冶　鞴未使用で木炭の使用有り

進出工人　筑前奴国が送り込んだ鉄産蘇我族

進出目的　邪馬壹国を攻撃するため

☞邪馬壹国攻撃の戦士

3世紀前葉　奴国が淡路に卑弥弓呼男王送り込み

進軍ルート　紀伊半島 ➡ 伊勢湾 ➡ 西美濃 ➡ 近江湖東

三足の烏（からす）　進軍道筋の烏脇（からすわき）春日神社（米原市）に伝説

㊟『記紀』の神武帝東征成功譚の原話

【コラムVI】邪馬台国連合の銅鏡祭祀

(1) 祭祀に用いた銅鏡

内行花文鏡(ないこうかもんきょう)　製作年代　後漢代　㊟前漢代は連弧文鏡

刻　象　北極星神の天神・太陽神の日神

所持者　司祭王　㊟夜間に神事執行

男弟王　㊟昼間に政事執行

方格規矩四神鏡(ほうかくきくしじんきょう)　製作年代　前漢代後葉以降

刻　象　天は円形・地は方形

東西南北の神

㊟水神・木神・火神・金神

青龍(せいりゅう)・白虎(びゃっこ)・朱雀(すざく)・玄武(げんぶ)

所持者　司祭王

内行花文鏡

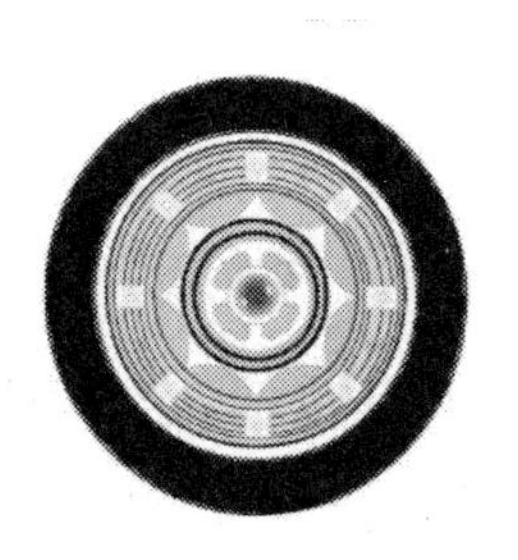

図 6-2　内行花文鏡模式図

方格規矩四神鏡

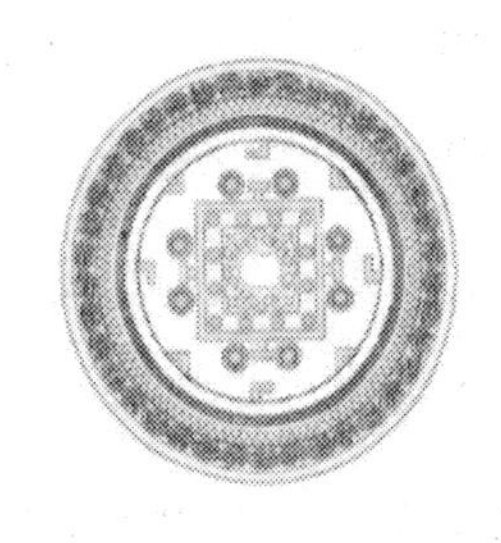

図 6-3　方格規矩四神鏡模式図

⑵ 祭祀の源流

銅鏡保有　漢の上層部　㊟楽浪漢墓の事例から
外藩朝貢国の王候に下賜
外交担当国の倭奴国が賜授
倭奴国が邪馬台国連合の国に下賜

伊勢遺跡　邪馬台国男王時代の王宮兼祭祀場
円形環溝の中に方形区画の特殊建物群を配置
方格規矩四神鏡をヒントにした構築

祭政一致　中国発祥の陰陽五行説に基づくマツリゴト
司祭王は王宮で毎日夜間に神事を執行
日の出前に託宣の有無と内容を男弟王に伝授
男弟王はこれに従って昼間に政事を執行

隋文帝　『隋書倭国伝』に開皇 20 年（600）第 1 回遣隋使
推古女王派遣の使者にヤマト国の統治体制を聴聞
祭政一致による二人王制は不合理と批判
ヤマト国は批判を受けて一人の天皇制に改革

7章　東海・関東

1節　伊勢・美濃・尾張

倭人の風習　赤色顔料の朱丹・弁柄を身体に塗布して魔除け

伊勢の朱丹　縄文時代から採取し諸地域と交流

4世紀前半　出雲の田氏族一派が片部（松阪市）に強制移住

㊟田の字の墨書土器出土

1．遺跡事例

(1)　村竹

所　在　標高5m金剛川右岸（三重県松阪市）

形　態　2～3世紀の朱丹・弁柄生産工房・住居・祭祀場・墓地のある集落遺跡　㊟大井戸跡周辺に市場域を想定

建　物　竪穴式・掘立・特殊

祭祀殿　高床式直独立棟持柱付掘立建物2

6×1間（床21㎡）

5超×1間（床16㎡超）

土　器　在地系　壺・甕・高坏・鉢・器台

外来系　近江・北陸・東海・南関東他

木　器　農具・武具・祭祀具・建築部材

石　器　斧・包丁・砥石・石杵・研磨石

⑵　荒尾南

所　在　標高６ｍ濃尾平野の相川下流（岐阜県大垣市）

形　態　１～３世紀半ばの大環濠集落

㊟調査継続中。狗奴国の本拠地と推定

建　物　竪穴式・掘立多数

土　器　82本の櫂を持つ大型舟の線刻壺他

青銅器　内行花文鏡・重圏文鏡・無孔銅鏃29・巴形銅器・円盤状銅器・銅鐸の飾耳

㊟銅鏡は奴国産とみられ作りの悪い小型倭鏡

⑶　廻間（はさま）

所　在　標高４ｍ濃尾平野の庄内川下流右岸（愛知県清須市）

形　態　２～３世紀の集落・方形墳丘墓

㊟物部族尾張支系の集落と推定

建　物　竪穴式・掘立

土　器　Ｓ字甕（かめ）　＊近畿・東海・北陸・信濃・甲斐・関東に伝播

青銅器　多孔銅鏃　㊟近江湖東・濃尾平野に分布

☞Ｓ字甕の特徴

楽浪土器の影響を受け耐熱性を強化

伊勢雲出川（くもづがわ）産の黒砂（ザクロ石の砂）を混和材に使用

物部族尾張支系が黒砂を各地に売却し製法伝播

(4) 象鼻山3号壇

所　在　標高140m南宮山丘陵南端牧田川左岸（岐阜県養老町）

象鼻山（ぞうびさん）墳墓群（70基）に所属

形　態　3世紀初頭の上円下方形祭祀壇（70×80m）

㊟2世紀中葉説有り

☞上円下方形祭祀壇

2世紀　末葉　奴国が狗奴国に初代男王の送り込み

観音寺山墳丘墓被葬者（方格規矩四神鏡保有）

3世紀　初頭　天地四方の神々を祀るため祭祀壇を構築

中葉　卑弥弓呼男王が晋武帝に朝貢し祭祀の報告

☞『晋書』武帝紀泰始2年（266）11月の条

「倭人来タリテ方物ヲ献ズ、円丘方丘ヲ南北ノ郊ニ併セ、二至ノ祀リヲ二郊ニ合ワセタリ」

倭人とは狗奴国の卑弥弓呼男王のこと

円丘方丘とは上円下方形祭祀壇のこと

祭祀壇の南北に後で溝を掘削した跡を調査で確認

2．美濃の墳墓事例

1世紀　方形周溝墓が一般的

2世紀　山稜の頂上に墳丘墓が登場

3世紀　前方後方形墳丘墓が登場

4世紀　前半　王墓はもとより首長古墳の築造無し

ヤマト国創立以降他国へ移住

入替りに他国から移住

後半　再び築造

①2世紀前半

瑞龍寺山頂　（岐阜市）　突出部付方形墳丘墓　㊅1

②2世紀後半

加佐美山1号　（各務原市）同

③3世紀前半

観音寺山　（美濃市）　前方後方形墳丘墓　㊄1

象鼻山墳墓群　（養老町）　方形墳丘墓他

④3世紀後半

象鼻山墳墓群　（養老町）　方墳他

象鼻山1号　（同　）　前方後方墳　㉂1

⑤4世紀後半

矢道長塚　（大垣市）　前方後円墳　㊂3

花岡山　（同　）　同　㊂1

円満寺山1号　（海津市）　同　㊣1㊂2

狐山　　　　（同　　）同　　　　㊂1

長塚　　　　（可児市）同

親ヶ谷　　　（垂井町）同

(1) 観音寺山

所　在　標高155m長良川右岸の観音寺山頂（美濃市）

形　態　3世紀前葉の前方後方形墳丘墓（21m）

仕　様　岩盤刳り抜き、組合せ型木棺直葬

副葬品　銅鏡（方格規矩四神鏡・重圏文鏡）、装身具（翡翠勾玉2・水晶小玉3・硝子小玉15）

特殊物　朱丹

没　年　棺の方位東南東（甲乙）か西北西（庚辛）・墳墓の方位東南東（辰）、甲辰（224）

被葬者　重圏文鏡の副葬から、2世紀末葉奴国が狗奴国に送り込んだ蘇我族の王

(2) 象鼻山墳墓群

所　在　標高100～140m南宮山丘陵南端（養老町・垂井町）の象鼻山古墳群（70基）に所属

形　態　3世紀前半の墳丘墓　㊟2世紀後半説有り

対象墓　4号・5号・6号・8号・9号・16号

㊟もっと多い可能性

☞同時期の多数埋葬

南宮山の火見師が6人もの首長を象鼻山に

尋常な死ではなく疫病死か戦死

第2次倭国大乱で戦死した卑弥弓呼男王の部下

鉄産蘇我族の鍛冶師・舟師等の首長

(3) 象鼻山1号

図7-1 象鼻山1号の墳頂

所　在　標高142m南宮山丘陵南端（養老町）の象鼻山墳墓群（70基）に所属

形　態　3世紀後半の前方後方墳（40m）

仕　様　前方1段・後方2段築盛、周庭・葺石有り、周濠・埴輪無し、箱形木棺直葬

副葬品　銅鏡（双鳳文鏡）、武器（鉄剣等）石器（琴柱形3）

特殊物　朱丹入壺

土　器　土師器（二重口縁壺・Ｓ字甕・高坏・小形器台）

没　年　棺の方位北（壬癸）か南（丙丁）・墳墓の方位南南東（巳）、癸巳（273）

被葬者　双鳳文鏡の副葬から３世紀前葉筑前奴国が淡路舟木から、近江稲部に送り込んだ狗奴国の卑弥弓呼男王

☞琴柱形石（ことじがたいし）の副葬

王者の表象　棺内２　淡路・西美濃の支配

棺上１　新たに得た近江の支配

『記紀』の須佐之男命（すさのうのみこと）のモデル。須佐は朱丹の朱砂のこと

卑弥弓呼男王は最後までヤマト国に不服従

⑷　円満寺山１号

所　在　標高96m揖斐川支流海津川右岸（海津市）

形　態　４世紀中葉の前方後円墳（60m）

仕　様　周濠・周庭・葺石無し、埴輪有り、竪穴式石室・割竹形木棺

副葬品　銅鏡（画文帯求心式神獣鏡、ヘボソ塚・東之宮・佐味田宝塚と同范の三角縁神獣鏡２）、武器（鉄剣等）

土　器　布留１式新段階の土師器

没　年　棺の方位北（壬癸）・墳墓の方位北（子）、壬子（352）

被葬者　ヘボソ塚の被葬者と同系で、稲葉の地名から４世紀前

半に因幡から美濃に移住した海人の首長

3．尾張の墳墓事例

①2世紀後半

土田墳墓群	（一宮市）	方形墳丘墓	
山中墳墓群	（　同　）	同	

②3世紀前半

廻間	（清須市）	突出部付方形墳丘墓	
山中墳墓群	（一宮市）	同	

③3世紀後半

西上免	（一宮市）	前方後方墳	

④4世紀前半

奥津社	（愛西市）	前方後方墳	㊂3
東之宮	（犬山市）	同	㊮1㊂4
二ツ寺神明社	（あま市）	前方後円墳	

⑤4世紀後半

青塚茶臼山	（犬山市）	前方後円墳	

(1)　奥津社

所　在　標高２ｍ木曽川下流三角州（愛西市）

形　態　４世紀前葉の前方後方墳（推定35ｍ）　㊟前方部削平

仕　様　葺石・埴輪無し　㊟棺不明

副葬品　銅鏡（椿井大塚山古墳と同范の三角縁神獣鏡伝3）

土　器　布留1式中段階の土師器

被葬者　奥津神社に宗像三女神が祀られており、海人宗像族に属する海部（あまべ）族の首長

(2)　東之宮

所　在　標高145m木曽川左岸白山平（はくさんびら）山頂上（犬山市）

形　態　4世紀中葉の前方後方墳（67m）

仕　様　前方2段・後方3段築盛、葺石有り・埴輪無し、竪穴式石室・割竹形木棺

副葬品　銅鏡（方格規矩神獣鏡、矢道長塚古墳・円満寺山1号墳と同范の三角縁神獣鏡4・二神二獣鏡・四獣鏡・人物禽獣鏡4）、武器（鉄剣等）、石器（石釧等）、工具、装身具（硬玉勾玉・碧玉管玉）

土　器　布留1式新段階の土師器

没　年　棺の方位東南東（甲乙）・墳墓の方位東南東（辰）、甲辰（344）

被葬者　物部族尾張支系と組む宗像族海人系海部族の首長

2節　遠江・駿河

3世紀　前半　遠江（とおとうみ）・駿河（するが）に物部族尾張支系が進出

4世紀　中葉　ヤマト国が進出

1．墳墓事例

①3世紀前半

高尾山	（沼津市）	前方後方形墳丘墓	

②3世紀後半

蔵王権現神社	（袋井市）	前方後方形墳丘墓	

③4世紀前半

新豊院山2号	（磐田市）	前方後円墳	㊂1

④4世紀後半

北岡大塚	（浜松市）	前方後方墳	
赤門上	（同　　）	同	㊂2
上平川大塚1号	（菊川市）	前方後円墳	㊂1
小銚子塚	（磐田市）	前方後方墳	
松林山	（同　　）	同	
銚子塚	（同　　）	同	
柚木山神	（静岡市）	同	
三池平	（同　　）	同	

午王堂山３号　（同　　）同

(1)　高尾山

所　在　標高12m愛鷹（あしたかやま）山南東麓台地（沼津市）

形　態　３世紀前葉の前方後方形墳丘墓（62m）

㊟被葬者生前築造説は疑問

仕　様　周溝一部有り、葺石・埴輪無し、舟形木棺直葬、床に朱丹

副葬品　銅鏡（浮彫式獣帯鏡）、武器（鉄剣等）、工具、装身具（丹塗勾玉）

土　器　大廓式３期小型壺・小型鉢・直口壺・二重口縁壺

在地系　高坏・尾張系朱塗壺・Ｓ字壺

外来系　北陸・近江・西東海・関東

没　年　棺の方位東（甲乙）・墳墓の方位北（子）、甲子（244）

被葬者　東海沿岸で活躍した海部族の首長

☞祭祀壇を墳丘墓に転用

沼　津　地名のとおり遺跡近くにかつて大きな干潟沼

干潟沼に湊津のある水運の拠点地

３世紀　前葉　愛鷹（あしたか）山が噴火し火山灰が遺跡周辺まで降下

被葬者が噴火鎮定の地神祀りを祭祀壇で挙行

中葉　噴火鎮定後に死去し功績を顕彰

祭祀壇を利用して墳丘墓を構築

3節　上野・武蔵・相模

弥　生	後期	相模(さがみ)で伊豆諸島産の宝貝を北方交易に活用
3世紀	前半	近江邪馬壹国が北信から上野(こうづけ)・北武蔵(むさし)に進出
		物部族尾張支系が南信から南武蔵・相模に進出
4世紀	中葉	ヤマト国が関東に進出

1．上野の墳墓事例

①2世紀末葉～3世紀前半

日高	（高崎市）	円形周溝墓	
新保	（同　　）	同	
有馬5・19号	（渋川市）	同	（19号長剣）
下郷	（玉村町）	同	

②3世紀後半

西大室C-14号	（前橋市）	前方後方形墳丘墓
公田1号	（同　　）	同
堤東2号	（同　　）	同
舞台1号	（同　　）	同

③4世紀前半

前橋八幡山	（前橋市）	前方後方墳	
寺山	（太田市）	同	

④4世紀後半

前橋天神山	（前橋市）	前方後円墳	㊂2
蟹沢	（高崎市）	円墳か	㊂1
元島名将軍塚	（同　）	前方後方墳	
朝子塚	（太田市）	前方後円墳	

(1) 前橋天神山

所　在　標高90m広瀬川右岸（前橋市）

形　態　4世紀後半の前方後円墳（129m）

仕　様　周溝一部有り、葺石・埴輪無し、舟形木棺直葬、床に朱丹

副葬品　銅鏡（桜井茶臼山古墳と同范の三角縁神獣鏡2・三段式神仙鏡・二禽二獣鏡・変形獣鏡）、武具（素環頭大刀・靫等）、工具（碧玉紡錘車等）

特殊物　朱丹入壺

土　器　在地系　大椰式3期小型壺・小型鉢・直口壺二重口縁・高坏パレススタイル壺・S字壺

外来系　北陸・近江・西東海・関東

没　年　棺の方位南南西（戊己）・墳墓の方位北北東（丑）、

己丑（389）

被葬者　4世紀中葉から利根川の水運業に従事した首長

2．武蔵の墳墓事例

①2世紀末葉～3世紀前半

田端西台通2号	（東京都北区）	方形墳丘墓	
井沼方9号	（さいたま市）	同	（長剣）

②3世紀後半

志度川	（美里町）	前方後方形墳丘墓
三ノ耕地	（吉見町）	同

③4世紀前半

鷺山	（児玉町）	前方後方墳
諏訪山29号	（東松山市）	同
宝莱山	（東京都大田区）	前方後円墳

④4世紀後半

白山	（川崎市）	前方後円墳	㊂1
亀甲山	（東京都大田区）	同	

3．相模の墳墓事例

①3世紀後半

秋葉山４号　（海老名市）　前方後方墳

秋葉山３号　（同　）　前方後円墳

②４世紀前半

真土大塚山　（平塚市）　形状不明　㊂1

秋葉山１・２号　（海老名市）　前方後円墳

秋葉山５号　（同　）　方墳

③４世紀後半

加瀬白山　（川崎市）　前方後円墳　㊇1㊂1

長柄桜山１・２号　（逗子市他）　同

４節　上総・下総・常陸

総（ふさ）の国　総（麻）の産地、舟でないと行けない国

律令以前の上総（かずさ）・下総（しもうさ）の総称

常陸（ひたち）　日立の当て字、東山道を行けば陸行できる国

２世紀　後葉　近江邪馬台国の進出

３世紀　中葉　物部族尾張支系の進出

４世紀　中葉　ヤマト国の進出

１．上総の遺跡事例

舟　運　三浦半島と房総半島を結ぶ要衝地

(1) 中台（なかで）

所　在　標高10m養老川右岸（市原市）

形　態　2～4世紀神門（ごうど）古墳群の母集落

土　器　外来系　近畿・北陸・東海

市　場　2～3世紀前半　近江邪馬台国置運営

3世紀後半　物部族尾張支系運営

4世紀　ヤマト国運営

2．上総・下総の墳墓事例

①3世紀前半

神門3・4・5号（市原市）　突出部付円形墳丘墓

②3世紀後半

武部30・32号　（木更津市）　前方後方形墳丘墓

③4世紀前半

向台8号　（袖ケ浦市）　前方後方墳

駒久保6号　（君津市）　同

手古塚　（木更津市）　前方後円墳

坂戸神社　（千葉市）　同

④4世紀後半

新皇塚　（市川市）　前方後円墳

道祖神裏　（君津市）　前方後方墳
飯籠塚　（同　）　前方後円墳
姉崎天神山　（市原市）　同
今富塚山　（同　）　同

3．常陸の遺跡事例

霞ケ浦縁辺　舟運の要衝地で『魏志倭人伝』にある辺境の奴国
卑弥呼女王の力が及んだ最果ての地
東北・北海道方面との交易地

⑴　原田北

所　在　標高27m天の川右岸（土浦市）
形　態　2世紀後葉の集落
土　器　外来系　北関東・東海・東北
特殊物　62号住居から長刀（直刀）
㊟長刀保持者は市場監理者の大倭（おおいち）

⑵　八幡脇

所　在　標高28m川尻川右岸（土浦市）
形　態　4世紀前半の玉作集落、久慈川・玉川産の瑪瑙（めのう）加工
特殊物　武蔵の荒川上流産研磨用砥石、鉄鍛冶炉に用いた鞴の羽口　㊟息長族が派遣した鉄器鍛冶工人

【コラムⅦ】倭琴を弾いて豊穣祈願

(1) 画文帯神獣鏡の四神仙象

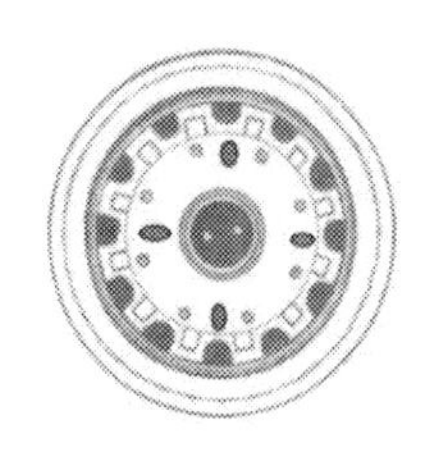

図7-2　画文帯神獣鏡模式図

製作年代　後漢代の２世紀頃から

刻　象　幸福招来の四神仙

四神仙　琴の名手伯牙、男仙人の統率者東王父、女仙人の統率者西王母、神話の黄帝

伯　牙　中国春秋時代晋の人でに琴の名手として声望

四季の節目に琴を弾き祖先を偲ぶ

豊穣がもたらされるとの信仰に依拠

(2) 倭琴

前２世紀　備前の南方(岡山市)から４弦か５弦の琴

『魏志倭人伝』にある投馬国の拠点集落

物部族本宗が一時期ここに寄宿

中国の山東半島から持ち込んだものと推定

２世紀　因幡の青谷上寺地（鳥取市）

㊟鹿とみられる動物を描いた倭琴の板

近江の下鈎（しもまがり）・下長（栗東市・守山市）

㊟下鈎は卑弥呼の王宮と推定

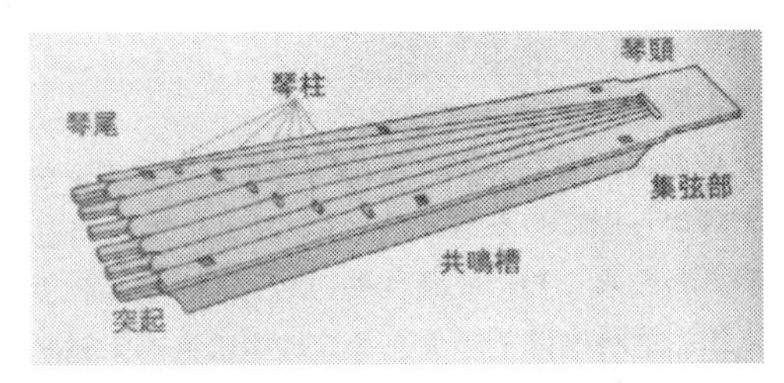

図 7-3　倭琴復原図（守山弥生遺跡研究会「下長遺跡」より引用）

8章　北陸・信越

1節　若狭・越前

越	北陸地方の古代名
	中国華南の越人渡来と無関係
	海岸に岩の崖地が多いという朝鮮半島系の言語
前2世紀	若狭・越前に物部族が進出
1世紀	「大津波」以降日本海交易で隆盛
2世紀	後葉　越前に伯耆の王氏族が進出
4世紀	前半　若狭・越前にヤマト国が進出

1．遺跡事例

(1)　吉河

所　在　標高8ｍ木の芽川下流左岸（敦賀市）

形　態　前1世紀末葉～後2世紀の集落

建　物　竪穴式6・掘立柱8

墓　地　方形周溝墓25

玉　作　頁岩・緑色凝灰岩の管玉、翡翠の勾玉

(2)　大町田

所　在　標高9ｍ木の芽川下流左岸（敦賀市）

形　態　３世紀の集落

建　物　竪穴式８

土　器　外来系　近江・山陰・北陸

(3) 林・藤島

所　在　標高 12m九頭竜川中流左岸（福井市）

形　態　２世紀後葉～３世紀の玉作・鉄鍛冶工房の集落

㊟伯耆多婆那国の王氏族が進出

建　物　竪穴式 15・布掘式掘立柱４・掘立柱１

玉　作　緑色凝灰岩の管玉、瑪瑙・翡翠の勾玉

鉄　器　鉄錐・槍鉋・鑿・刀子など２千点

２．越前の墳墓事例

①３世紀前半

西山３・５号（鯖江市）　方形墳丘墓

城山１号　（勝山市）　同

中角 SX1 号　（福井市）　突出部付方形墳丘墓

高柳２号　（同　）　四隅突出形長方形墳丘墓

南春日山１号（永平寺町）　同

②３世紀後半

乃木山　（永平寺町）　方墳

安保山4号　（福井市）　前方後方墳

③4世紀前半

安保山2号　（福井市）　前方後円墳

④4世紀後半

安保山1号　（福井市）　前方後円墳

鼓山　（同　）　同

2節　加賀・能登

加　賀　碧玉の産地（小松市）

緑色凝灰岩の産地（加賀市・白山市）

能　登　佐渡・越後から北海道に至る北方交易の拠点地

前2世紀　加賀・能登に物部族が進出

1世紀　「大津波」以降日本海交易で隆盛

2世紀　後葉　加賀に伯耆の王氏族が進出

4世紀　前半　加賀・能登にヤマト国が進出

1．遺跡事例

(1)　加賀の石器加工工房群

所　在　片山津上野・漆町（加賀市）、浜竹松B・藤江（白山市）

形　態　4世紀ヤマト国が設置

製　品　管玉・鍬形石・車輪石・石釧・合子・石鏃

☞**崇神王朝の石器集中生産地**

原材料　北陸に多い緑色凝灰岩

大量生産　各地から加賀に工人を集中配置

生産量は全国の80～90%

独占的な支配権を確立

生産目的　産品を各地の豪族に与え連合の結び付きを強化

交易・交流を独占し権力基盤を強化

支配者　崇神王朝の男弟王である安倍族

加工工人　奴婢扱いで逃亡防止のため監視砦を周辺に設置

(2) 能登の万行（まんぎょう）

所　在　標高6～10m七尾湾を望む海岸台地（七尾市）

形　態　4世紀前半の市場・特殊建物のある集落（2.3 ha）

特殊建物　屯倉1（建物01）　超大型高床式総柱掘立建物

当初　2×4間（床150㎡）

建替　3×4間（床250㎡）

屯倉2（建物02）　超大型高床式総柱掘立建物

当初　4×4間（床250㎡）

建替　4×4間（床330㎡）

屯倉3（建物03）　超大型高床式総柱掘立建物

当初　2×4間（床150㎡）

建替　3×4間（床250㎡）

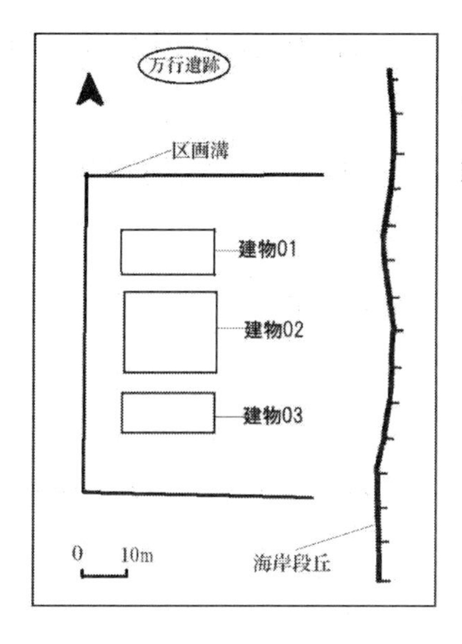

図8-1

建物配置略図

（七尾市教育委員会資料より作成）

☞北方交易の拠点地

能登七尾湾　ヤマト国が香嶋津（かしまのつ）という国府津（こうづ）を設置

日本海沿岸の北方域にとって最も重要な湊津

北陸・佐渡・越後・出羽から北海道まで

超大型屯倉　安倍大彦男弟王のとき構築

取引に伴う貢納物・商品の保管庫として利用

市場の設置　各地から持ち込まれた産物が集中

「寒冷化」に不可欠な毛皮は最重要の取引産品

2．加賀・能登の墳墓事例

①2世紀後半

七ツ塚1号　（金沢市）　四隅突出形方形墳丘墓（長剣）

②3世紀前半

一塚SX21号（白山市）　四隅突出形方形墳丘墓

③3世紀後半

塚崎1号　（金沢市）　方形墳丘墓

小菅波4号　（加賀市）　同

④4世紀前半

大槻11号　（中能登町）前方後方墳　（左遷蘇我族）

雨の宮1号　（同　）同　（同上）

国分尼塚1号（七尾市）　同　㊅1（同上）

徳田燈明山　（志賀町）　前方後円墳

⑤4世紀後半

秋常山1号　（能美市）　前方後円墳

3節　越中・越後・佐渡

糸魚川（いといがわ）流域　北信西部から越後南西部

縄文時代から続く唯一の翡翠（ひすい）産地

佐渡の猿八（さるはち）　赤・青の碧玉産地

前２世紀　越中・越後・佐渡に物部族が進出

２世紀　「寒冷化」のため越後・佐渡から撤退

３世紀　前半　越中に邪馬台国・多婆那国が進出

後半　越中に物部族尾張支系が進出

４世紀　後半　越中・越後にヤマト国が進出

１．越後の遺跡事例

⑴　五千石

所　在　標高１ｍ大河津分水路左岸（長岡市）

形　態　４世紀中葉～末葉の玉作・鉄器鍛冶工房の集落

㊟ヤマト国の進出

土　器　土師器（甕・壺・鉢・高坏・器台・蓋・手捏（てこ）ね）

玉　作　瑪瑙（めのう）・翡翠の勾玉、緑色凝灰岩の管玉・大珠、石英の白玉

特殊物　鉄鍛冶炉に用いた鞴の羽口

２．越中の墳墓事例

①２世紀後半

杉谷ａ　（富山市）　方形周溝墓

②３世紀前半

杉谷 a	（富山市）	円形周溝墓
鏡坂 2 号	（同　　）	四隅突出形方形墳丘墓
六治古塚	（同　　）	同

③3 世紀後半

ちょうちょう塚	（富山市）	方形墳丘墓
杉谷 4 号	（同　　）	四隅突出形方形墳丘墓
勅使塚	（同　　）	前方後方形墳丘墓

④4 世紀前半

杉谷一番塚	（富山市）	前方後方墳

⑤4 世紀後半

桜谷 1 号	（高岡市）	前方後円墳

4 節　信濃

糸魚川流域	北信西部から越後南西部
	縄文時代から続く唯一の翡翠産地
2 世紀	末葉　北信濃に物部族旦波支系が進出
3 世紀	前半　南信濃に物部族尾張支系が進出
	後半　北信濃に物部族尾張支系が進出
4 世紀	前半　信濃にヤマト国が進出

1．墳墓事例

①2世紀末葉～3世紀前半

篠ノ井新幹線地点他	（長野市）	円形周溝墓群
周防畑 B-1・2号	（佐久市）	同
安願寺 22・23 号	（中野市）	同
根塚1・2・3号	（木島平村）	同
篠ノ井聖川	（長野市）	突出部付方形墳丘墓
滝ノ峰1・2号	（佐久市）	同
北平1号	（長野市）	同
安願寺城跡2号	（中野市）	同

②3世紀後半

弘法山	（松本市）	前方後方墳

③4世紀前半

姫塚	（長野市）	前方後方墳
高遠山	（中野市）	前方後円墳

④4世紀後半

森将軍塚	（千曲市）	前方後円墳　㊂1
川柳将軍塚	（長野市）	同

⑴　弘法山

所　在　標高 653m梓川支流田川右岸（松本市）

形　態　３世紀後葉の前方後方墳（66m）

仕　様　周庭・周溝・葺石・埴輪無し、竪穴式石室・木棺

副葬品　銅鏡（斜縁四獣文鏡）、武器（鉄剣等）、工具（槍鉋他）、玉（硝子小玉）

土　器　東海系Ｓ字口縁底部穿孔壺・高坏・手焙型
　㊟新庄内式か古布留式

没　年　棺の方位東北東（甲乙）・墳墓の方位東南東（辰）、甲辰（284）

被葬者　３世紀中葉に進出した物部族尾張支系の首長

【コラムⅧ】国の守護神

背　景　２世紀頃から始まった地球規模の「寒冷化」

温暖な気象に戻すため太陽神の復活を強く願望

中国から銅鏡・陰陽五行思想が伝来

願いに叶う画期的な原理として受容

国の守護神（祖霊神）の祀りを開始

鎮座地　より太陽に近いところ

見晴らしの良い山頂に神坐（かみくら）設置

山麓にある里宮で神事のマツリゴト

⑴　近江の邪馬台国

国　神　天照国照彦天火明櫛玉饒速日命（あまてるくにてるひこあめのほあかりくしたまにぎはやひのみこと）

㊟通称饒速日命、櫛玉=管玉、饒＝豊穣、速日＝偉大な日の神

太陽神を奉斎する物部族の祖霊神

敗戦で天之御影命（あめのみかげのみこと）となり御神（みかみ）神社に鎮霊

神　坐　近江の三上山（みかみやま）（標高432m）

神　事　男王宮（伊勢）・卑弥呼女王宮（下鈎）

⑵　大和の邪馬壹国

国　神　大物主神（おおものぬしのかみ）

水神の蛇神を奉斎する物部族の新たな祖霊神

神　坐　大和の三輪山（標高467m）

邪馬壹国終焉で大神（おおみわ）大社に鎮霊

神　事　壱與女王宮（未発見の遺跡と纏向）

(3) 近江の狗奴国

国　神　伊邪那岐命（いざなきのみこと）

太陽神を奉斎する蘇我族の祖霊神

神　坐　近江の青龍山（標高333m）

狗奴国終焉により多賀大社に鎮霊

㊟『記紀』を重視した淡路の伊弉諾神宮説有り

神　事　男王宮（近江の稲部）

(4) 大和のヤマト国

国　神　天照大神

太陽神と北極星神を奉斎するヤマト族の祖霊神

㊟ヤマト＝山人とは山（古墳）を造る人という意味

神　坐　当初は元伊勢の檜原（ひばら）神社（三輪山の山麓）

㊟三輪山に大物主神が祀られたので鎮座不可

後に諸国の元伊勢を転坐し伊勢に着坐

神　事　神坐を置いた所の宮

9章　国史の矛盾

ヤマト国　倭人の国々を統一に導き古墳時代を牽引

奈良盆地東南部に創立

否定説・異論説は見当たらず

問題点　邪馬壹国とヤマト国は同じ国か違う国か

関連する遺跡発掘調査資料の蓄積

『魏志倭人伝』と『記紀』の比較検討

検　討　既に述べたとおり国家体制の異なる別国

残る問題『魏志倭人伝』と『記紀』がかみ合わない理由

1節　関連の主要国史

1．中国史

『漢書』　前漢時代の出来事（前 206〜後 24）

後漢の班固（92 没）らの撰

『地理志』に倭人登場し歳時に朝見

『後漢書』後漢時代の出来事（25〜220）

宋の范曄（はんよう）（445 没）らの撰　㊟『三国志』の後

永初元年（107）倭面土国王の帥升が安帝に謁見要請

『三国志』三国時代の出来事（220〜264）

西晋の陳寿（297没）撰

景初3年（239）邪馬壹国の卑弥呼が魏明帝に朝貢

『梁書』 中国南朝梁の出来事（502～557）に通史を付属

唐の姚察（ようさつ）・姚廉（ようれん）父子撰で貞観3年（629）の完

景元元年（260）魏元帝が倭の男女に同爵位授与

㊟邪馬壹国の壱與女王・狗奴国の卑弥弓呼男王

『通典（つてん）』 初めての政書通史

唐の杜佑（とゆう）撰で貞元元年（801）の完

景元元年（260）魏元帝が倭の男女に同爵位授与

『晋書』 西晋時代の出来事（265～316）

唐の房玄齢（ぼうげんれい）らの撰（646）

泰始2年（266）邪馬壹国の壱與が西晋武帝に朝貢

『旧唐書』 唐時代の出来事（618～906）

五代後晋の劉昫（りゅうく）（946没）らの撰

情報不足で『倭国伝』と『日本伝』に分けて記述

『新唐書』 唐時代の出来事（618～906）

宋の欧陽脩（1072没）らの撰

倭国を日本国にまとめて記述

2.　日本国史

(1)　日本国

国　名　7世紀中葉以前は倭（やまと）・大倭（やまと）等を使用

7世紀中葉以降は亡命百済人の建言で日本を使用

国家成立　天神・地神・国神・現人神（あらひとがみ）の加護によるもの

国家終焉　戦争で敗れた場合　➡　国神・現人神も終焉

新国家の創立必要　➡　国神・現人神の更改

天　神　昼は太陽神・夜は北極星神

地　神　東西南北の神々

国　神　天神・地神を奉斎する守護神の天照大神

現人神　国神に仕える天皇

(2)　7世紀後半

『旧辞』　『先代旧辞（さきのよのふるごと）』・『上古諸事』説有り

天武帝のときあったとされるが現存せず委細不明

『帝紀』　『旧辞』と一体書説有り

天武帝のときあったとされるが現存せず委細不明

(3)　8世紀前葉

『古事記』　神代から推古帝（626）までの出来事（紀伝体）

和銅5年（712）太安万侶（おおのやすまろ）が献上

『日本書紀』神代から持統帝（694）までの出来事（編年体）

養老４年（720）舎人（とねり）親王が献上

☞**初期天皇紀の矛盾**

初期天皇　初代神武帝～10 代開化帝の時代

日本列島は未統一で大王・天皇は不在

漢風諡号（しごう）　天皇の諡号（しごう）に孝の使用（５代～８代）は中国皇帝風

中国皇帝に朝貢した日本国天皇を意味するもの

皇子名　日本（やまと）の付与は日本国（本州・四国）の皇子

倭（やまと）の付与は倭国（九州）の皇子

㊟日本国と倭国を別国とするための改変区別

孝昭帝　始元元年（前 86）～元平元年（前 74）の間

前漢昭帝に朝貢　㊟『漢書地理志』

事実は近畿の王の朝貢と推定

小国の王なので日本国孝昭帝に改変

長男　天足彦国押人命（あめのたらしひこくにおしひとのみこと）（和邇（わに）氏の先祖）

琅邪（ろうや）郡から楽浪郡に移住した王氏を導入

次男　日本足彦国押人命（やまとたらしひこくにおしのひとのみこと）（孝安帝）

辰韓斯盧（しろ）国から伯耆に侵攻した王氏を導入

孝安帝　永初元年（107）後漢安帝に朝貢　㊟『後漢書倭伝』

事実は近江邪馬台国の代理で倭面土国王が朝貢

倭国の小国王なので日本国孝安帝の朝貢に改変

長男　大吉備諸進命（おおきびもろすみのみこと）（倭面土国王と推定）

次男　大日本根子彦太瓊命（おおやまとねこひこふとにのみこと）（孝霊帝）

孝霊帝　中平２年（185）後漢霊帝に朝貢

㊟中国史に記載無し

事実は近江邪馬台国の卑弥呼女王の朝貢

倭国の女王なので日本国孝霊帝の朝貢に改変

長男　大日本根子彦国牽命（おおやまとねこひこくにくるみのみこと）（孝元帝）

長女　倭迹迹日百襲姫命（やまとととひももそひめのみこと）（卑弥呼とみる説妥当）

次男　彦五十狭芹彦命（ひこいせりひこのみこと）（大吉備津日子命）

次女　倭迹迹稚屋姫命（やまとととわかやひめのみこと）（伊都国女王と推定）

庶子　稚武彦命（わかたけひこのみこと）（吉備津日子命）

孝元帝　景元元年（260）魏元帝に朝貢

㊟『梁書（りょうしょ）』・『通典（つてん）』、国名等の記載無し

事実は大和邪馬壹国と近江狗奴国による２国の朝貢

㊟壱與女王と卑弥弓呼男王

日本国が不統一なので日本国孝元帝の朝貢に改変

長男　大彦命（安倍氏の先祖でヤマト国の男弟王）

次男　稚日本根子彦大日日命（わかやまとねこひこおおひびのみこと）（開化帝）

長女　倭迹迹姫命（やまとととひめのみこと）（壱與とみる説妥当）

庶子　武埴安彦命（たけはにやすひこのみこと）（ヤマト国に反乱）

㊟他の庶子省略

☞**崇神王朝末期の矛盾**

景行帝　死去後応神大王即位まではどう計算しても数年間
『記紀』はこの間、成務帝・仲哀帝・神功（じんぐう）皇后の執政
後世に書き加えられたとする説は妥当
事績の大半は日本武尊（やまとたけるのみこと）に関すること

成務帝　事績の掲載がほとんど無し

仲哀帝　日本武尊の第２子という出自は疑問

神功皇后　卑弥呼女王時代の在位は不自然
応神帝が胎内に 10 か月以上いたことは不自然
西暦から 200 年を引くと神功皇后紀年と一致
西暦を知る者が後年に付加した可能性が大きい
39 年（239）　倭の女王朝貢を参考的に記載
女王は近江邪馬壹国の卑弥呼
66 年（266）　倭の女王朝貢を参考的に記載
女王は大和邪馬壹国の壱與

３．朝鮮国史

『三国史記』　三国（高句麗・新羅・百済）〜統一新羅の時代
神代〜新羅敬順王（935）までの出来事（紀伝体）

高麗17代仁宗王（王楷（おうかい）　1146没）の指示

金富軾の撰で1145年完

ほとんどが中国史からの引用

朝鮮独自の資料は一切現存無し

『三国遺事』 『三国史記』未掲載の出来事

高麗僧の一然（金見明）が13世紀末葉に執筆

☞『三国史記』の矛盾

昔脱解（せきだつかい）王　辰韓斯盧（しろ）国4代目王

楽浪郡から逃亡した王氏が昔氏に改姓し王に就任

倭の多婆那国（たばなのくに）から漂着としたのは史実改変

事実は逆で倭の伯耆（ほうき）に侵攻したときの王

朴婆娑（ぼくばしゃ）王　斯盧国5代目王

伯耆に多婆那国を創立したときの王

朴阿達羅（ぼくあだら）王　斯盧国8代目王

多婆那国が因幡（いなば）に侵攻したときの王

邪馬壹国と多婆那国の戦闘で第1次倭国大乱に

☞『三国遺事』の矛盾

賀洛（からく）国　金官伽耶国の別名とする説は不可

㊟金官は金海の卑賤文字で金氏と無関係

建武18年（42）慶州金氏の金首露創立説は不可

建武20年（44）後漢朝貢の倭人蘇馬諟（そまし）を意識し改変

金首露の建安4年（199）死去は不自然

㊟生存年齢異常

加羅金海の倭人支配を隠匿するための創話

史　実　筑前奴国（那国）の鉄産蘇我族が創立した任那国（みまなのくに）

洛東江河口の水間（みま）（中州）が任に転化

所在は金海鳳凰洞（韓国金海市）

鳳凰洞は蘇我族の双鳳文鏡重視に因む地名

2節　旧唐書の混乱

1．白村江の戦後処理

日本側　百済救援軍を派遣したのは倭国で日本国ではない

㊟亡命百済人の建言があったと推定

倭国　　古代にあった倭奴国の後継国

九州と周辺島を合わせた国

日本国　倭という字を嫌って日本に変更

当初の日本は小国で後から諸国を併合

本州・四国と周辺島を合わせた国

唐　側　倭人国は古来貝殻・珊瑚・真珠を貢物・交易品に

フィリピンか海南島の東方沖にあるはず

『隋書倭国伝』は倭国

使者説明に疑念はあるが否定する根拠資料無し

戦った相手国の認識が曖昧なままで講和決着

倭国と日本国を別国扱いに　㊟『旧唐書』

後年になって同一国扱いに　㊟『新唐書』

2．敗戦国日本の苦しい立場

⑴　白村江の海戦

安曇比羅夫（あずみのひろう）　州子（しまこ）海人族の戦闘将軍

白村江で戦死

阿倍比羅夫（あべのひろう）　宗像海人安倍族の後詰将軍

戦後大宰帥（だざいのそち）（長官）となり講和交渉の責任者

唐の使者に倭奴国の金王印を提示し倭国を証明か

㊟このとき金王印を偽造した可能性も

⑵　金王印

種　別　後漢光武帝中元２年（57）は倭奴国の王印

後漢霊帝中平２年（185）は邪馬台国の王印

㊟東大寺山古墳の花形環頭大刀（はながたかんとうだいとう）から推定

魏明帝景初３年（239）は邪馬壹国の王印

保　管　外交担当の倭奴国（伊都国）　㊟国書作成国

細石（さざれいし）神社（福岡県糸島市）保管の伝承

盗　難　王印は２個あって江戸時代に盗難の伝承

１個は藩主黒田家へ献上、もう１個は行方不明

盗品を隠匿するため志賀島で発掘と説明か

刻　字　江戸時代の「漢委奴国王（かんのいとのくにのおう）」説は一応成立

明治以降の「漢委奴国王（かんのわのなのくにのおう）」説は成立不可

「漢」を付した王印は類例が無く偽造説有力

(3)　史実改変

目　的　日本国の敗戦責任を回避

唐・新羅軍の侵攻を九州で防止

唐に渡った留学生や遣唐使の釈放

問題発生　主張と異なる歴史を『記紀』に書けない

『魏志倭人伝』は日本国ではなく倭国の歴史と改変

撰　者　主役は奈良時代の御船王（みふねおう）（淡海三船（おうみのみふね））

天智帝の玄孫・大学頭（だいがくのかみ）経験者

歴代天皇漢風諡号（かんぷうしごう）の撰者

■ 参考文献

明石茂生　2011年　成城・経済研究第193号（漢の市場）
赤塚次郎　2009年　幻の王国・狗奴国を旅する　風媒社
穴沢義功　2017年　我が国の製鉄遺跡の歴史
網野善彦外　2010年　馬・船・常民　講談社学術文庫
石村智　2017年　よみがえる古代の港　吉川弘文館
池田知久　2012年　淮南子　講談社学術文庫
稲田義行　2016年　陰陽五行　日本実業出版社
井上秀雄　2012年　古代朝鮮　講談社学術文庫
岩永省三　2010年　弥生首長層の成長と墳丘墓の発達
岩堀利樹　2010年　正史三国志　文芸社
上田正昭　2010年　大和朝廷　講談社学術文庫
宇治谷孟　2010年　日本書紀　講談社学術文庫
会下和宏　2006年　日本考古学第23号（弥生の鉄剣鉄刀）
大澤正巳　2004年　金属組織学からみた日本列島と朝鮮半島の鉄
大島正二　2007年　漢字伝来　岩波新書
大貫静夫　2005年　最近の弥生時代年代論について
大林太良外　2009年　東アジア民族の興亡 日本経済新聞社
大和岩雄　2000年　新邪馬台国論　大和書房
小山浩和　2009年　山陰地方における弥生時代の玉作
角南聡一郎　1995年　西日本における畿内系甕製作技術の展開
笠原英彦　2004年　歴代天皇総覧　中公新書
上垣外憲一　2014年　倭人と韓人　講談社学術文庫
加藤徹　2008年　弥生時代の鋳造鉄斧の流通
川勝義雄　2011年　魏晋南北朝　講談社学術文庫
河合忍　2014年　弥生・古墳時代の洪水痕跡
金達寿　2010年　日本古代史と朝鮮　講談社学術文庫
窪田徳郎　2009年　鉄から読む日本の歴史 講談社学術文庫
倉野憲司　2013年　古事記　岩波書店
神野志隆光　2013年　古事記とは何か　講談社学術文庫
後藤聡一　2010年　邪馬台国近江説　サンライズ出版
小林春樹　2014年　ユーラシア東部における青銅器文化
小路田泰直　2012年　邪馬台国と鉄の道　洋泉社
佐原康夫　1993年　南陽瓦房荘漢代製鉄遺跡の技術的検討
設楽博巳　2009年　独立棟持柱建物と祖霊祭祀
杉本厚憲典　2003年　河内における弥生時代後期から古墳時代にかけて地域社会の

動態
関清　2021年　東アジアにおける鉄生産
高久健二　2012年　楽浪郡と三韓の交易システムの形成
武末純一　2012年　弥生の村　山川出版社
武末純一外　2011年　弥生時代　河出書房新社
田中俊明　2013年　古代の日本と加耶　山川出版
谷川健一外　2012年　地名の古代史　河出書房新社
C・WonSuk　2011年　朝鮮王陵の歴史地理学的考察
塚口義信　2016年　邪馬台国と初期ヤマト政権　原書房
次田真幸　2014年　古事記（上）・（下）講談社学術文庫
都出比呂志　2011年　古代国家はいつ成立したか 岩波新書
寺島薫　2012年　王権誕生　講談社学術文庫
藤堂明保外　2012年　倭国伝　講談社学術文庫
豊田有恒　2006年　歴史から消された邪馬台国 青春出版社
鳥越憲三郎　1992年　古代朝鮮と倭族 中公新書
鳥越憲三郎　1994年　弥生の王国 中公新書
直木幸次郎　2011年　日本古代国家の成立講談社学術文庫
中村大介　2020年　漢代における遼東郡の交易
奈良教育大　2013年　鉄の歴史
西嶋定生　2011年　邪馬台国と倭国　吉川弘文館
西嶋定生　2013年　秦韓帝国　講談社学術文庫
布目潮渢外　2013年　隋唐帝国　講談社学術文庫
野島永　2004年　弥生時代後期・古墳時代初頭の鉄製武器
野島永　2005年　鉄から見た弥生・古墳時代の日本海交流
野島永　2006年　弥生時代における鉄器保有の一様相
野島永　2008年　弥生・古墳時代における鉄器文化
畑井弘　2011年　物部氏の伝承　講談社学術文庫
肥後弘幸　2010年　方形貼石墓概論 京都府埋文論集第6集
日立金属　2014年　たたらの話
広瀬和雄　2010年　前方後円墳の世界　岩波新書
福永伸哉　2008年　大阪平野における三世紀の首長墓と地域
藤井勝彦　2012年　邪馬台国　新紀元社
藤尾慎一郎　1988年　九州の甕棺
藤原哲　2011年　弥生社会における環濠集落の成立と展開
松本岩雄外　2004年　弥生時代前・中期の玉と玉作
丸山茂　2000年　近年における祭殿（神殿）説について 建築史学第35号
右島和夫外　2011年　古墳時代　河出書房新社

水野正好外　2010 年　邪馬台国　雄山閣
宮本一夫　　2020 年　山東系土器と楽浪系土器からみた弥生時代後半期の国際関係
村上隆　　　2007 年　金・銀・銅の日本史　岩波新書
森浩一　　　2010 年　倭人伝を読み直す　ちくま新書
安川満　　　2011 年　弥生墳丘墓と前期古墳
安田善憲　　2004 年　気候変動の文明史　NTT 出版
山下優介　　2015 年　弥生・古墳時代の独立棟持柱建物に関する考察
山田繁樹　　2014 年　高地性集落と倭国大乱
吉井秀夫　　2010 年　古代朝鮮　墳墓に見る国家形成　京都大学学術出版会
吉田敦彦　　2014 年　日本神話の源流　講談社学術文庫
吉野裕子　　2017 年　陰陽五行と日本の民俗　人文書院
吉村雅敬　　2014 年　邪馬台国と日本国成立の謎を解く　東京図書出版
李玉　　　　2008 年　朝鮮史　白水社
李亨源　　　2014 年　韓半島の初期青銅器文化と初期弥生文化

■著者略歴

1946年　宮城県生まれ
2015年　守山弥生遺跡研究会会員

■主要著書

2012年　古代東北の城柵と北斗七星の祭祀（無明舎出版）
2012年　新版・ゆりかごのヤマト王朝（無明舎出版）
2013年　エミシとヤマト－鉄と馬と黄金の争奪－（河北新報出版センター）
2014年　近江にいた弥生の大倭王（サンライズ出版）
2015年　邪馬壹国からヤマト国へ（サンライズ出版）
2018年　邪馬台国と狗奴国の時代－古墳の方位が示すもの－（サンライズ出版）
2021年　倭国大乱－特殊建物からみた邪馬壹国とヤマト国－（本の森）

卑弥呼の国　―敗戦で近江から大和へ―

2024年4月1日　初版発行

著　者　千城　央
発行者　大内 悦男
発行所　本の森

仙台市若林区新寺一丁目5－26－305（〒984-0051）
電話022（293）1303
E-mail　forest1526@nifty.com
URL　http://honnomori-sendai.cool.coocan.jp

表紙デザイン　羽倉久美子

印　刷　イズミヤ印刷

定価は表紙に表示しています。落丁・乱丁本はお取替え致します。

ISBN978-4-910399-10-2